粮油市场报

"中国粮油书系"编辑委员会

主　　任｜邱清龙
副 主 任｜陶玉德
委　　员｜邱清龙　陶玉德　刘新寰　姚大英
　　　　　徐劲松　李　平　裴会永　郭清保

主　　编｜陶玉德
副 主 编｜刘新寰　裴会永

《百家说粮》
　编　纂　任　敏　白　俐

《赢在五谷》
　编　纂　王　娜

《农经观察》
　编　纂　石金功

《水煮粮史》
　编　纂　王丽芳

《粮战演义》
　编　纂　王丽芳

LIANGZHAN YANYI

粮战演义
（中）

主　编　陶玉德
副主编　刘新寰　裴会永
编　纂　王丽芳

河南大学出版社
·郑州·

图书在版编目（CIP）数据

粮战演义．中／陶玉德主编．— 郑州：河南大学出版社，2018.1
ISBN 978-7-5649-3211-4

Ⅰ．①粮… Ⅱ．①陶… Ⅲ．①战争史－中国－古代－通俗读物 Ⅳ．①E291-49

中国版本图书馆CIP数据核字（2018）第025566号

责任编辑　柳　涛　姚占伟
责任校对　辛豫杰
封面设计　王　勃

出版发行　河南大学出版社
　　　　　地址：郑州市郑东新区商务外环中华大厦2401号　邮　编：450046
　　　　　电话：0371-86059712（高等教育与职业教育出版分社）
　　　　　　　　0371-86059701（营销部）
　　　　　网址：www.hupress.com

印　刷	开封日报社印务中心		
版　次	2018年3月第1版	印　次	2018年3月第1次印刷
开　本	710mm×1000mm　1/16	印　张	11
字　数	183千字	定　价	28.00 元

（本书如有印装质量问题，请与河南大学出版社联系调换）

总　序

广阔天地大有文章

一晃就是六个春秋。历经六年多时间的沉积，"中国粮油书系"第二卷与大家见面了。

从种植、流通到加工、消费，围绕这一主题，单学科、单作物品类的图书并不少见，但对粮食经济全面的关注却曾是"被遗忘的角落"。2011年由《粮油市场报》策划出品的"中国粮油书系"第一卷面市，填补了这片空白。书系的亮相在业内外引起热烈反响，并于次年再版。

六年风雨跌宕，六年硕果累累。这六年间，中国粮食持续丰产丰收，粮食科研成果捷报频传，粮食产业经济新风扑面，种植结构调整全面铺开，粮食市场化改革破冰前行，水土污染治理突破瓶颈……一项项发轫于田间的"经验"强势绽放，一批批期待已久的"深改"渐次落地，之前被视为"硬骨头"的诸多难题得以有效解决。中国粮食人将责任扛在肩上，撸起袖子加油干，深耕细作不放松，在时代接力中不断实现自我超越，不仅为新常态下稳增长、调结构、促改革、惠民生奠定了重要基础，而且让世界多国分享了中国五谷的芳香，为世界粮食安全提供了中国智慧和中国路径。

成就来之不易、可喜可赞，但我们也清醒地看到国内粮食"三高"叠加，多重矛盾交织，农业供给侧结构性矛盾仍然突出，谁来种、怎样种之困仍未化解，各种不确定性、不平衡性问题依然存在。特别是随着人口的增长、生活水平的提高、城镇化的推进，人们对粮食生产和"舌尖上的安全"提出了新的更高要求。守住、管好"天下粮仓"任重道远，需要时刻绷紧这根弦。

作为中国粮油行业唯一的报纸，《粮油市场报》自1985年创刊以来，始终肩负"为耕者谋利、为食者造福"的使命，以笔为犁深耕南北热土，以纸为简承载五谷波澜。无论是传递"三农"领域睿见卓识的大家声音，还是解码粮农企业家非同一般的匠心力量，无论是梳理粮食产业转型发展的探索与创新，还是探秘中华农耕文化的底蕴与传承，我们都始终围绕五谷做文章，与行业同呼吸共奋进。在记录与见证中国粮食经济发展变革的过程中，我们看到许许多多的收获和欢欣，也遇见许许多多的困难与挫折。我们深知，只有沉下去深度感知中国粮食经济的优势与劣势、历史与现实，才能更真切地读懂中国农业，才能更深刻地理解"饭碗论""底线论""红线论"的科学内涵，才能有力助推中国粮食更深层次、更高质量"满足人民日益增长的美好生活需要"，阔步迈进新时代。因此，对于这块土地开出的思想之花、结出的实践之果，我们倍加珍惜，再次精心梳理、结集出版，希望以此为更多涉农、涉粮工作者提供与时俱进、更接地气的系统启迪与思考。

"中国粮油书系"第二卷由《百家说粮》《赢在五谷》《农经观察》《水煮粮史》《粮战演义》组成，其中《水煮粮史》为上下两册，《粮战演义》分上中下三册，全书共5套8册，涵盖专家观点、创业故事、三农观察、粮史解读、粮食文化等内容。书系第二卷聚焦近几年中国粮食发展脉络、探讨未来发展趋势，以新闻视角呈现新常态下中国粮食经济的一个侧面和缩影；同时也从一些独特视角重新认识华夏粮食文化的源远流长、博大精深，以粮史故事鉴古知今。

本书系的出版凝聚着所有《粮油市场报》人的智慧和付出，更饱含着诸多领导、专家、学者特别是报社主管单位领导的心血和汗水。在采访、报道和编撰过程中，业内许多权威机构和来自一线的粮农工作者热情献策、悉心答疑，给予无私帮助，这份深情与厚爱我们铭记于心。在行文过程中，我们参考了一些专家学者的专著或论点，摘录了相关媒体记者的报道资料，他们深邃的思想、精彩的论述为文章增彩颇多，在此一并表示诚挚的谢意！

虽致力尽善尽美，但受能力和学识所限，且鉴于部分文章为报道选编，书系中难免存在片面性、资料老化或其他瑕疵，恳望读者朋友谅解和指正。

谁知岁丰歉，实系国安危。新时代的扉页已经打开，让我们携手，在新发展理念的指引下砥砺奋进，在勤勉的耕耘中把握未来。

前　　言

粮食作利器，是一种说不出的痛

翻开中国古代战争史，透过刀光剑影和阵阵厮杀，我们看到的是一队队粮车、一座座粮仓；透过历史名将的赫赫战功，我们看到的是一粒粒金灿灿的粮食。无疑，粮食对战争起着支撑和保障作用：如果没有商鞅变法提升的巨大生产力和关中平原的千里沃野，秦统一六国可能无从实现；如果没有"广积粮"和大兴屯田的战略，朱元璋要从元末群雄中迅速崛起，或是无稽之谈。

同时，战争对粮食生产又具有巨大的破坏力。隋炀帝三征高句丽，全国农田荒芜，饿殍遍野，怨声四起，以致强盛一时的隋王朝一夜垮塌。李自成三围开封，城内断粮，杀人炊骨，百万居民饿死者竟达数十万。原来，人类史上最厉害的战争利器竟是粮食！2500年前，孙武写了影响世界的《孙子兵法》。在他看来，强大的武力是用来防止战争的，而非发动战争，因为战争带来饥荒，饥荒是最大的灾难。

传统史料对战争的记述，重在统帅的谋略、将领的武功以及战争的经过等，而对于发挥着基础作用的粮食，则往往是一笔带过，甚至只字不提。本书通过150余篇"粮史"作品，重现了周至清末3000余年的诸多战争故事：或介绍战争中的粮食筹备、供应保障，或突显粮食对战争的决定作用，或描述百姓饱受的战乱之苦……作者以基本史实为依据，兼以演义写法，以期尽可能全面地还原历史，从粮食的角度重新审视当年的战争。

《粮战演义》历时6年，国家粮食局科学研究院副处长、高级工程师姚磊，陕西省宝鸡市粮食局王宝琦，鲁迅故里著名文化学者、老粮食人朱晓平等主要执笔者在这个特殊的战场上叱咤风云，在全力做好本职工作的同时,多少个寂寂之夜博览群书、挑灯夜战,多少个酷暑严寒行走遗址、对话千年。

以古为鉴,砥砺前行。希望这些"粮史"作品,能引起大家的共鸣,并对认识今天的粮食安全问题提供镜鉴。

编者

目　　录

第五章　五代十国
Diwuzhang wudaishiguo

五代十国首场恶战一触即发………………………………003
攻略徐兖，朱全忠先做粮食文章……………………………006
朱全忠釜底抽薪　兖州城弹尽粮绝…………………………009
轻粮尝苦果，常胜将军败走麦城……………………………012
李克用老谋深算拖垮汴军……………………………………015
挟天子先打舆论战　围凤翔篡唐得天下……………………018
手握粮权，晋主拥兵北方傲视群雄…………………………021
梁国气数尽，晋王雄心勃勃以粮扩疆………………………024
南下称雄，契丹修田筑城做战备……………………………027
挥师南下，李存勖轻敌失大将………………………………030
镇州平乱：李存勖再获"粮"机……………………………033
后唐平蜀：快攻获粮军供不再是噩梦………………………036
囤粮争天下　石敬瑭甘做儿皇帝……………………………039
空有一腔激情，石重贵无粮北伐兵败国亡…………………041
太师出粮计　郭威平叛乱……………………………………043
重粮食获天下　废苛政得民心………………………………045
王朴粮策影响中国300年……………………………………048
缺粮，李重进勤王复周成泡影………………………………051

第六章 宋辽篇
Diliuzhang songliaopian

赵匡胤攻蜀夺粮兵不血刃 ················· 057
因粮定都　苦心东流 ················· 060
当战略遇上缺粮 ················· 063
宋辽开战绕不开粮食 ················· 065
宋辽过节深　备战筹粮忙 ················· 067
宋琪的粮食经 ················· 070
赵匡义北伐　萧太后劫粮 ················· 072
轻粮断粮，赵匡义北伐梦断 ················· 074
坚壁清野　契丹北还 ················· 077
黄雀在后，契丹故技重施截粮落败 ················· 080
粮食短缺，西夏游弋于宋辽之间 ················· 082
夏竦：出米献铜赎罪　讨夏一举两得 ················· 085
诗人将军临危受命知延州 ················· 088
轻"粮策"，宋数万大军仅百人生还 ················· 091
抗西夏，范仲淹再献粮策 ················· 093
梁太后以粮御敌再战大宋 ················· 096
当纸上谈兵遇上粮运不济 ················· 099
截粮道骗王渊　萧干迎战妙计连连 ················· 102
"胡公大帝"的粮食情缘 ················· 105
南宋临安"流动粮库"自成体系 ················· 109

第七章 金元篇
Diqizhang jinyuanpian

宋金反目只因 20 万军粮吗 …………………………………… 115
因粮于敌，坚金主伐宋决心 …………………………………… 118
仰仗粮策，李纲以死谏主 ……………………………………… 121
惨烈的汴梁攻防战 ……………………………………………… 124
可叹！疲敌战术被否定 ………………………………………… 127
九死一生立南宋　备战备荒求良策 …………………………… 130
无粮坚守　李彦仙浩然正气震山河 …………………………… 133
粮草告急　金军被困兵败黄天荡 ……………………………… 136
南下攻宋，金兀术坚持军粮务丰 ……………………………… 139
罗诱《南征议》　惹来南宋粮食剿杀战 ……………………… 142
米丰宋军破釜沉舟　轻敌金兵顺昌落败 ……………………… 145
金人野心明　宋军备战忙 ……………………………………… 148
游牧食俗成就铁木真草原帝国梦 ……………………………… 151
忽必烈的"冰火两重天" ……………………………………… 154
耶律楚材兴仓廪　扬威立万窝阔台 …………………………… 156
蔡州挽歌 ………………………………………………………… 159
筑堡垒断粮道　襄阳城坚粮丰也陷落 ………………………… 162
断粮，元帝国土崩瓦解 ………………………………………… 165

中国粮油书系第二卷之
粮战演义（中）——第五章

五代十国

Diwuzhang
Wudaishiguo

五代十国首场恶战一触即发

□ 姚 磊

刚刚光复这么一个产粮宝地,当然备受众人关注。这不,李克用赴汴之时,另一双眼睛也盯上了那里的粮食,他就是宣武军节度使朱全忠。也正是因为粮食,两人结下了梁子,并直接导致了五代十国的第一场恶战。

* * *

这是一个分裂的时代,这是一个变乱的时代,这也是一个涅槃重生的时代……若问变乱的原因,还真不是三言两语能说清楚的。变乱的结果很严重:唐朝迅速地衰落了!

/ 缘起 /

在唐代,藩镇势力很大,藩镇的主将多为当地部族的豪酋,或为封疆大吏。这些藩镇军政一体,税收自理,凡事自己说了算。安史之乱以后,唐朝国力衰微,各个藩镇不仅自谋平安,更希望通过武力保持自己实力。于是乎,中国历史上近200年的变乱大幕拉开,粮食也再次成为你争我夺、决定胜败的关键因素。

话说黄巢自洛阳入潼关时,唐僖宗被迫向成都逃亡,他同时下发诏书要求各地勤王之兵共讨逆贼。但是,天高皇帝远,直到中和元年,也就是公元881年,各路人马也没有任何建树,逃亡路上的僖宗只能暗自生气。

京都的魅力再大，也是要吃饭的！黄巢在长安据守半年有余，长安城的粮食渐尽，物资匮乏，米价飞涨。屋漏偏逢连阴雨，迟到的唐朝军队此时将长安城围得水泄不通。黄巢麾下的部队官兵跑的跑，降的降，想往长安城中调粮根本上是痴人说梦。

身处此境，黄巢的战术十分明确：有粮食就成！事实也是那样，打仗虽然讲究章法谋略，但没有粮食再好的战术都没用。即便在长安城称了皇帝，皇帝的名头也不能带来粮食、填饱肚子，所以黄巢此战的核心就是讨粮食！

/ 乱世 /

再说响应勤王号召的沙陀军首领李克用。唐朝末期李克用曾多次带兵东征西讨叛乱，虽然战败逃亡于今天的蒙古地区，但是其实力恢复后，遂带兵杀回中原。唐朝封他为雁门节度使，所以自然为唐朝卖命。中和三年（公元883年）4月，李克用带领的沙陀军最早冲入长安城，将黄巢打出长安，立下光复头功。当然，这里也有偶然因素，毕竟黄巢也没想在长安城待多长时间，他也是想利用一个机会逃离长安的。

到光启元年（公元885年），唐僖宗自成都回长安，分封各路勤王之师。虽然各路兵马回到驻地，但是唐朝危亡的局面没有任何改变。

光启二年（公元886年），李克用回到河中驻地，本想参掉中饱盐税以济私囊的宦官田令孜，不想田令孜乘夜色劫持皇帝跑了。这时，有人提议国不可一日无君，须立新皇以安国本。但毕竟僖宗人还在，此事不了了之。田令孜虽劫持僖宗，但各路人马均不买他的账。公元887年，备尝屈辱的僖宗几经周折终于返回长安，但是这种被人劫来掳去的生活给他留下了深深的阴影，他旋即驾崩。之后，李晔即位，即为昭宗。

/ 祸根 /

黄巢由蓝田出武关向东攻陷河南汝南县，刺史秦宗权投降，宣武节度使朱全忠、感化节度使时溥发兵救援。中和四年（公元884年）李克用驻防晋阳，并占据潞州（今长治）。5月，李克用将汴州黄巢部队击败。当时，他在城外，并且带领的是骑兵部队，因此速度相当快，后勤补给跟不上。离李克用部最近的地方就是汴州，这汴州可是粮食产区，存粮较多。情急之下，李克用果断决定到汴州取粮。刚刚光复这么一个产粮宝地，当然备受众人关注。这不，李克用赴汴之时，另一双眼睛也盯上了那里的粮食，他就是宣武军节度使朱全忠。

这个朱全忠曾是黄巢手下的得力干将，他在黄巢离开长安时投降了唐朝。这么一个阴晴不定的人，他的行动很难预料。朱全忠实力较弱，但他知道如果攻打与自己实力相当或者更弱的人，就能够得利。他更知道李克用的主力部队已经和黄巢部队交过火，自己既然也想得到汴州之粮，就管不了那么多，先出手再说。于是，朱全忠直接发兵攻打李克用，没有准备的李克用自然吃亏，只得半路赶回晋阳休整。

也正是因为粮食，两人结下了梁子，并且直接导致了五代十国的第一场恶战。

公元888年，朱全忠攻打叛乱的秦宗权。在蔡州将其击败后，送长安斩首。朱全忠打算在山东继续扩大势力，因为在他眼里，粮食产量较多的兖州、郓州全在自己的计划内，并且可成为自己的后勤基地。李克用这时已经被封为河东节度使了。自从在汴州被朱全忠偷袭回到晋阳后，他便重整军队，加紧训练，势力大增。光启元年（公元885年），李克用帮助王重荣攻打朱玫，其军队紧逼长安，军威远扬。为扩大实力，特别是为了在三晋的基础上继续扩大地盘，第二年，李克用率军穿过太行山，直扑邯郸、洺州、沙河，后止于邢州。

虽然没有一路东进，但是李克用的触角已经伸到了华北平原，因此他和朱全忠的势力重叠在了一起。巧的是两个人的眼光又都不约而同地投向了产粮丰富的兖州。两个结过梁子的人面对面，战争只是时间问题。

攻略徐兖，朱全忠先做粮食文章

□ 姚 磊

朱全忠深知壮大实力必须有粮食，要有粮食就必须攻打粮食最多的地方，说白了就是让粮食最多的地方成为自己的地盘。于是，他把眼光投向了中原……

* * *

汴州取粮，李克用和朱全忠结下了梁子。也正是因粮食结下的梁子，直接导致了五代十国的第一场恶战。这场战争发生在中原大地，导火索还是粮食。

自古以来，中国粮食的主产区一个是江南，一个就是中原。中原大地物产丰富，地理位置优越，乃天下转运中枢，战略地位极其重要。

先来看看主角朱全忠是怎样将战幕拉开的。

/ 野心勃勃 觊觎徐兖 /

朱全忠，早年与黄巢一同揭竿而起，后转投唐朝军队，做了勤王之师。

朱全忠从来没有要效忠的人。对于他来讲，面前的人要么是敌人，要么是手下，没有朋友，没有合作者。这位踏着同伴的尸骨逐渐获得朝廷赏识、平步青云的心狠手辣之人，精明强干，善用权术，信奉"顺我者昌，逆我者亡"，杀人如麻。再看唐末的变乱，那可是你攻我伐的实力之争，天子朝纲在枪杆子下往往是一纸空文。

加入大唐编制后，朱全忠也从叛军将领摇身一变成为宣武军节度使，掌握一方兵权，可谓风光无限，但他不满足。乱世称雄，实力最关键！朱全忠深知壮大实力必须有粮食，要有粮食就必须攻打粮食最多的地方，说白了就是让粮食最多的地方成为自己的地盘。

于是，他把眼光投向了中原。

中原的门户是徐州和兖州。掌握这两地，东可控制胶东，西可相望河洛，北能阻挡燕山晋军，南可攻略江南。守卫兖州的天平节度使朱瑄、朱谨兄弟当年曾率兵助朱全忠打胜了汴州攻防战。大战中两兄弟指挥若定，安排得当，有勇有谋。朱全忠看在眼里，但他更看中朱瑄、朱谨兄弟手下个个英勇、所向披靡的齐鲁猛士。这当口儿，朱全忠心生兼并两兄弟之意。

他知道，要人朱家兄弟有，要粮朱家兄弟也有，但是天下没有白给的东西，要得到就得凭实力说话。

/ 玩弄权术　冤家路窄 /

公元887年8月，朱全忠以朱瑄诱招宣武军士兵的名义，上报朝廷讨伐朱家兄弟。当时朱家兄弟在曹、濮两州，这个借口明摆着是诬陷。朱全忠是一个玩弄权术的老手，从来没有任何心理负担，他只看结果。可能是被大大小小的叛乱气昏了头，唐僖宗一听是清算叛乱分子，马上准奏，并于文德元年（公元888年）任命朱全忠为蔡州四面行营都统，讨伐朱瑄、朱谨。

名正了，言顺了，就是开战的时候了。不是冤家不聚头。当朱全忠雄赳赳、气昂昂地准备擂响战鼓之时，与他在汴州争粮的对头李克用不合时宜地出现了。李克用兼并了河北邢、洺、磁三州，此时已经来到朱全忠的背后，很快就将队伍拉到了朱全忠的对面。

"这分明是要报夺粮之仇啊！"朱全忠暗想，"当年在汴州的时候与他交过一次手，虽然讨到了便宜，但是根本没有伤到他的元气，而且李克用部是天子赐姓的沙陀军，威信极高，不好搞定。干脆，就用南辕北辙的法子，纠集几个跟班的一起上！"

向魏索粮　软硬兼施

公元890年，朱全忠诬陷李克用在北方蓄兵积粮，有谋反之意。云中节度使、卢龙节度使和一帮昏臣被朱全忠的巧言说服，纷纷向皇上进言要求讨伐李克用。就这样，朝廷再任命朱全忠为南面招讨使。凭此皇命，朱全忠直接将军队开到了上党。

朱全忠深知拿下李克用不是一两天的事，自己的终极目标是徐州和兖州，故攻打李克用只是缓兵之计，而徐州和兖州是块肥肉，大家都虎视眈眈呢。朱全忠手里粮食不多，进入李克用的太行山脉也非易事，但贼不走空是他的一贯方针。他亲自上前线考察，并列出作战计划：从河南滑州（今天的滑县）或者河北正定地区向太行山进发，顺便弄点粮食。

计划确定后，朱全忠派人与魏博节度使联系，说要借道攻打李克用，自己粮食不多了，请当地给点粮食。

拿着皇命的朱全忠要粮并不顺利，当地的主官没有一个答应的！为什么？李克用工作做到位了呗。朱全忠摁下心头的怒气，决定软的不成就来硬的，看你是归附我朱全忠还是李克用！说干就干，朱全忠从滑州直接派兵攻打魏博节度使，在临黄县大获全胜，迫使魏博节度使送上黄金千两求和。自此，上党的门户基本开放了。

控制了河北南部，再看看李克用也没有打出来的意思，朱全忠的心里踏实了，攻徐州、占兖州按计划进行。

朱全忠釜底抽薪　兖州城弹尽粮绝

□ 姚　磊

郓州战场草莽遍地，朱瑾打算跟朱全忠打个伏击战。面对此，朱全忠突然想到一个"火"字。朱全忠太高明了。无情之火，烧灭一切。天公也向着朱全忠。那日，风直吹向朱瑾的阵地。朱全忠就势一把火，把朱家军烧死大半。战场上到处是焦黑的尸体，粮草食物全部碳化，朱瑾一败涂地。

* * *

朱全忠在公元889年的时候也许想过今后要当老大，要吞天噬地，但现实不容他沉醉于幻想。生逢乱世，最佳的自保办法就是攻伐。"进军徐兖"，朱全忠哪管昔日同战壕之情，他要当老大。

/ 回手一击 /

实际上，上党之战朱全忠已探明了李克用的底，现在他的目标很明确：只要李克用不出太行山，自己就发起最后的兖州攻伐战。西部安全了，东部就是口中之肉。

话说经营徐、兖地区的朱瑄、朱瑾兄弟，在唐末黄巢剿灭战中也是立过功，得到朝廷赏识的。不幸的是他们的队伍和地盘全被朱全忠看上了，所以待着不动也中枪。面对突如其来的昔日战友、今日对手，实力悬殊的朱家兄弟只有守的选择，而朱全忠又想得到英勇的朱家军，于是一场持久战在徐、兖打响了。

实力为王。朱全忠命前路将军丁会攻打宿州，大败奉宁节度使朱瑾，徐州主将时溥部队纷纷投降。是时候全面攻打徐州、兖州了。

朱全忠的实力不是虚的，因为他敢想、敢干。想，他能够看到什么地方是对手最薄弱的，从而利用对手的弱点，最大限度地实现自己的目标。他更能想到从战略上消耗对手、弱化对手。干，他能够身先士卒，在项目实施中能够要求其主将细心地处理战略与战术的问题。

/ 釜底抽薪 /

公元892年，朱全忠派遣大将丁会将军队开至兖州地界。朱全忠让丁会将当地的老百姓向他们的后方转移，名义上是为了保证百姓生活，防止生灵涂炭，防止刀剑无眼；实际上，朱全忠心里的算盘打得非常明白：徐州、兖州部队仁义忠勇，百姓辛勤劳作，若战斗打响，粮食、兵源消耗极大，而自己要的就是兵源，要的就是粮食！因此迁徙几千户当地居民，可以扩充自己的兵源和粮源。

公元893年，朱全忠命令庞师古攻打兖州，与朱谨面对面对决。朱谨虽不敌朱全忠，但毕竟占地利、人和。朱全忠一时没讨到多大便宜。

公元894年，朱全忠亲自率领大军攻打郓州，驻军于今天的山东省东阿县西部。当地草莽遍地，朱瑾打算跟朱全忠打个伏击战。面对此，朱全忠突然想到一个"火"字。是啊，无情之火，烧灭一切。朱全忠太高明了。"朱瑾就是要给我一个惊喜，他的部队、粮草一定都在草丛里，我只要一把大火就可烧了你的人和粮食。"天公也向着朱全忠。那日，风直接吹向朱瑾的阵地。朱全忠就势一把火，把朱家军烧死大半。战场上到处是焦黑的尸体，粮草食物全部碳化，朱瑾一败涂地。

9月，朱全忠一鼓作气在梁山攻打朱瑄，而后一路猛攻。朱瑄的大将贺瑰被俘，全军覆没。朱全忠直逼兖州城。连续几年的战争，朱瑄、朱瑾屡战屡败，虽然兖州还在，但兖州周边兵祸连连，百姓四处逃难，更有甚者被朱全忠有计划地进行了移民，导致每次朱瑄被打败的时候，总是没有更多的兵源来进行补充，粮草也是如此。而朱全忠把当地居民移民到了许州后，组织分地耕田，使自己的大本营兵源不断。他算的是一笔大账："有了人，就有粮食，有了粮食就有了实力，有了实力就能获得更多的地盘；老百姓不想打仗，只要有地种有粮吃就不会造反。有人有粮何愁不胜？"

于是，朱全忠将目光聚向此战的最后一座城池——兖州。开战前，他特别交代主将："打朱瑄不要急攻，让当地百姓迁徙到许州，将那里的土地分给他们。叫你去不是打仗的，而是抢人的。抢来了，就成功；杀了人，你就提头来见我！"

/ "渔翁"得利 /

朱瑾并不甘心，朱瑄想到了河东的李克用。朱瑾料定，徐、兖地区没有人能对付朱全忠，唇亡齿寒，李克用马上也没有好日子过，因此他一定会派兵的。果不其然，李克用得知徐、兖之难后，立即遣藩汉都指挥使李存信率兵支援朱瑄。

李克用这步棋走得对，但是他忘了一个要素——救兵要过魏州地界。

这个魏州已被朱全忠收服。而李存信没有约束好部队，在魏州祸害当地，结果本来就不想让李克用借道而行的魏博节度使罗弘信怒了。罗弘信这一怒不要紧，李存信部遭到3万人夜袭。由于李克用当地的驻军是驰援部队，粮食少，守备队不多，故罗弘信的夜袭军直接攻打李存信的后勤部队，然后直取其行营本垒，打得李存信措手不及，使得李存信的部队伤亡惨重，粮食等物资全部丢在了魏州后落荒而逃。之后，李克用带兵杀掠魏州万人，但李克用的儿子李铁林被罗弘信杀了，结果魏州彻底与李克用决裂。李克用东出的道路上多了一个敌人，而朱全忠又得到了一个支持的地区。

战斗到这里已经见了分晓，最后的结局很简单：兖州城被围，城中粮尽，朱全忠掠地于己，然后继续解决自己的对手。

轻粮尝苦果,常胜将军败走麦城

□ 姚 磊

淮南地区水系发达,杨行密军对当地地理水系了如指掌。而来自兖州归附于杨行密的朱瑾奉命截流淮河,然后开闸放水。用水攻庞师古的军营,既扰其军心,又损其粮草,这一举两得的美事朱瑾哪儿会放过?

* * *

话说朱全忠拿下兖州后,一路开疆辟壤,所向披靡,心里那个美啊。但野心就像燎原的火种,他要淮南大粮仓!当然,如果没有这分野心,他就不会由一名战将成为梁国的开国皇帝了。他已经把粮食作为战略武器运用得娴熟有加。但"智者千虑,必有一失",朱全忠这一失可失大发了,他栽在了自己的长项战术——粮食战略上。

/ 急于求成忘粮食 /

朱全忠攻克兖州,占据中原,但周边还不太平。北方有幽州节度使刘仁恭。这刘仁恭因李克用的鼎力支持才有幽州之地,所以绝对是李克用的铁杆内线。南方有淮南节度使杨行密。虽然杨行密在公元892年朱全忠攻打部将孙儒的攻伐战中曾支持过朱全忠,但只要没有降服,以后一定是对手。而对于朱全忠来说,最大的敌人还是李克用。他深知自从黄巢起义开始两人就已水火不容,不消灭李克用终究心里不踏实。

淮南节度使杨行密经营的淮南地区物产丰富，有鱼米之乡的美称。如果得到江南诸地，就有了后方的大粮仓。备尝粮食甜头的朱全忠心里跟明镜似的："管他帮助没帮助过我，占'粮仓'要紧。"就这样，朱全忠剑指淮南。

杨行密也不是吃素的。他先攻打已归附朱全忠的武昌节度使杜洪的驻地，以避免直接接触朱全忠。杨行密没想到的是自己深思熟虑的这步棋对朱全忠来说却是天赐良机。朱全忠命令部队立即开进，派遣大将聂金在泗州抄略牵制杨行密的军队，再派遣另一大将朱友恭攻打黄州（今黄冈市）。作为前锋部队，得到军令的朱友恭行军迅速，仅用两天时间就将这支万人部队开进至武昌寨。杨行密的军队也不知是吃错了什么药，没打几下就全跑了。听到前方战报，朱全忠喜出望外，

"看来杨行密还是和当年一样不经打。部队要全速前进，所有对淮南的攻击部队要第一时间出发，不得有误。"正在此时，前方战报又来："报，我汴军已经挥师南下，江北地区已经尽被我军控制。"西部的显著战果让朱全忠更有底气："命令庞师古为主力部队，3日内军队进兵百里，向淮南泗水进发，不得有误！"命令发出，大军压境。淮南地区俨然已是朱全忠的囊中之物。

常胜将军百密一疏，以致功亏一篑。这里暂且不表，先说朱全忠这一疏——轻粮。日进百里，后勤部队与前锋部队就会相距几十里。今天看来，100公里的距离只是个把小时的事情。而在古代，这可是两三天的路程啊。粮草供应跟不上，何谈打胜仗？

/ 大水冲粮师古亡 /

作为朱全忠的得力干将，庞师古按照要求将部队开至清口，就是泗水与淮河交汇的地方。过了淮河就是杨行密的地盘了，扬州就在朱全忠攻击的范围之内。朱全忠亲自带领军队驻屯宿州，大战一触即发。也许是让前面的胜利冲昏了头，朱全忠要求速度，忘记了粮食供给。而庞师古的军队驻守在清口洼地，他认为背后就是朱全忠，粮食不是问题，军队不是问题，对手不是问题——那么就没有问题了。

杨行密虽然军队人数不如庞师古，但毕竟占尽地利。淮南地区水系发达，杨行密军对当地地理水系了如指掌。而来自兖州归附于杨行密的朱瑾奉命截流淮河，然后开闸放水。用水攻庞师古的军营，既扰其军心，又损其粮草，这一举两得的美事朱瑾哪儿会放过？实际上，庞师古也猜到了朱瑾的战略动向。但是他认为，朱瑾在兖州是自己的手下败将，耍不了多大的幺蛾子。庞师古这一自大不要紧，朱瑾让淮河大水从上游奔流而下，将庞师古的军营全部淹没，军粮、物资全没了！此时，杨行密带领3万人立即发动进攻，朱瑾从上游带领骑兵一路抄后路而来，庞师古只能仓促应战。淮河附近的军队多骑马渡水，而马匹也懂水性，而朱全忠的军队基本上是步兵，只能趟水接招。在齐胸高的水里，人的脑袋就是目标，马上的骑兵挥刀即斩首。行进路上的运粮部队也被杨行密的后续攻击部队消灭，庞师古的军队成了孤军。混战中这位主将被斩首，万余人的部队仅有千人逃走。整个营区成了一片血海，旗帜、尸体、头颅、车马在水中漂浮，凄惨无比。

值得一提的是，此次带领汴军突围的副将葛存周被淮南军队一路追杀，直到都指挥使牛存节带领军队前来接应，不幸的是接应部队也被淮南军队打得落花流水。当时已经是农历十月底了，天气寒凉，天空已经开始飘起雪花。

再说朱全忠。后有追兵，前有拦截，他只能绕道前进，轻装简从一路向北逃命回汴州。兵败如山倒。逃命路上的朱全忠部队那个狼狈呀，兵器除了防身的刀剑，一概放弃；当杨行密的军队追来的时候，所有人立即隐蔽到蒿草中，屏息静气；为避追军，逃命之道均是人迹罕至的沼泽地，饥饿更是让千余人死在路上。回到兵营，朱全忠悲痛万分。此战过后，自己剩下的不到千人。

李克用老谋深算拖垮汴军

□ 姚 磊

  晋阳城内，李克用根本不着急。他带着酒、牛肉登上城头，看着城下的进攻部队不仅毫无惧色，而且边吃边喝，谈笑风生……

* * *

  自黄巢变乱之后，朱全忠南征北战，屡获土地人口，实力一天天壮大，虽然江南之役小有损失，但对其整体实力而言影响甚小。战略布局基本形成，朱全忠马上要对付的不是别人，正是他最大的对手——李克用。这也是朱全忠称帝道路上的关键一战——攻略关中。

/ 朱全忠步步为营 /

  南方的杨行密不会立即发兵攻打汴州，朱全忠的眼睛也从来不会过度地聚焦南方，他的目标是唐朝的皇帝，决不能让其他人拿着皇帝说事儿。这不，李克用就是他的心头大患。一想到这个人，朱全忠就如鲠在喉。
  早在唐僖宗时期（公元873年～888年），两人就因粮食结下了梁子。到了公元901年，两人虽然较少面对面冲突，但也都因为对方的原因相互交手、互有输赢。李克用坐拥山西晋阳，是朱全忠进入关中平原的一道关卡，朱全忠必欲除之而后快。而拿下李克用还有一个让他欢欣鼓舞的理由——关中平原土地肥沃、粮源充足。

天复元年（公元901年）正月十五刚过，朱全忠就召集部将说："河中节度使王珂在太原城作威作福，目无法纪，高大自傲。今天我就要斩断他晋阳、绛州的联络。请大家齐心协力，攻打晋、绛。"朱全忠心里明镜似的，王珂是李克用的女婿，也是李克用在南部安排的心腹，如果不将王珂除掉，打李克用就没那么容易。

兵贵神速。到正月二十七为止，绛州、晋州刺史因为没有防备，全部交城投降。当时的朝廷也害怕朱全忠带兵入关，连忙求和。朱全忠的目的是进入关中，当然不同意求和。就在这时，王珂向李克用搬救兵的信件也到了。李克用当然知道朱全忠有备而来，所以自己的部队不能离开晋阳太远。绛州、晋州失守，晋阳根本无险可守，李克用焦急万分。

正月刚过，春寒料峭，青黄不接。

时间就是生命，时间就是胜利。朱全忠担心军粮供应不上，让士气正旺的部队疾速前进，围攻晋阳。

/ 晋阳保卫战 /

知己知彼，百战不殆。何况这次是老对手，何况这次是要拿下关中、控制皇帝！公元901年3月1日，朱全忠从前线回来，专门召开战事分析会。在汴州的军营里，各路将军提出了自己的见解。昭义留后葛从周提出："将军，我们一路攻下绛州，打通晋州。晋阳已无险可守，成孤城一座。我们只要快马加鞭，一定能够攻下晋阳，踏平关中！"一后勤主官提出："将军，天寒地冻，我们贸然进攻，恐怕后劲不足。进入飞狐口、土门口等地都是羊肠小道，我军向西疾进势不可当，但是当地物产不丰、万物凋零，粮草军供难以跟上，恐怕会拖大部队的后腿。"后勤主官的话让朱全忠陷入沉思。他知道只要他下令，所有的将军都会坚决执行。当下是攻打李克用的最好时机，这也是自己染指关中、撼动河东的绝佳机会。如果让李克用回过神，再打就难了。军粮确实是个大问题，这鱼和熊掌如何才能兼得呢？用时间换空间！那就从天井关、磁州新口、土门、马岭、飞狐口一起西进，来个泰山压顶，这样快速突破，用闪电战解决后勤问题，一举拿下晋阳！想到此，朱全忠抬头扫视四周，果断下达命令：六路大军立即发兵，攻打李克用！

/ 李克用老谋深算 /

不多日，宿州刺史氏叔琮的部队已经到晋阳城下，前锋部队开始叫阵。姜还是老的辣。氏叔琮的前锋挑战了一次又一次，李克用的部队就是按兵不动，随你怎么骂。

来瞧瞧李克用在干什么。晋阳城内，老百姓们恐惧万分，可李克用根本不着急。他带着酒、牛肉登上城头，看着城下的进攻部队不仅毫无惧色，而且边吃边喝，谈笑风生。李克用不是不急，因为他非常明白，马上晋阳就要进入雨季了，而且朱全忠的部队这么快来到近前，肯定存在一个致命的问题——粮草供应肯定不充分。晋阳的粮食产区在西面，关中平原在自己身后，除非拿下晋阳，方能进入关中平原。再多的后勤给养，也只能放在飞狐口外。那么这支来到城下的部队，定是后无援兵、前无粮草，所以有什么可害怕的呢？在城头上吃了两天的饭，李克用召集部将说："各路人马听令，从我晋阳北门地道出城，绕过围城部队，截击其运输部队，回城时，掠杀汴军外营，乱其军心，撼其后劲。"两个老谋深算的对手对阵，结果还是李克用占了上风。朱全忠的六路人马粮食供应不济，加上雨季瘟疫流行，根本没有什么战斗力，与李克用的对垒只是消耗实力和士气，无奈只得撤兵。

就这样，朱全忠一路撤退，李克用一路截杀，前期失守的汾阳被李克用的军队收复。朱全忠的努力全都付之东流了。

挟天子先打舆论战　围凤翔篡唐得天下

□ 姚　磊

又3个月过去了，朱全忠硬是没让一粒粮食进入凤翔城。他命人在城外挖了深沟，布设了铃铛响板，绝对把凤翔围成了铁桶。11月，大雪纷飞，凤翔城内粮绝，饿死者众，军队士气低落，而自恃有皇帝金牌的李茂贞也只能以狗肉供应皇帝餐食。这时城外的朱全忠兴致极高，命令每天击鼓……

***

/ 舆论的力量 /

晋阳失利不仅没有改变朱全忠的战略规划，反而让这位权欲狂人越挫越勇。这不，为了早日杀入关中，他想到了另一个方法：与权臣崔胤勾结，让傀儡皇帝从长安到东都。其目的昭然若揭，挟天子以令诸侯呗！殊不知有此胆者并非朱全忠一人，西北的凤翔节度使李茂贞也让其代理人——宦官韩全海向傀儡皇帝派发邀请函且捷足先登把皇帝请到了凤翔。李茂贞实力不弱，朱全忠这次压力不小。

怎么办？继续西进，同时发动强大的舆论攻势，大肆宣称勤王诛乱，讨逆匡正，带领朱家军雄赳赳气昂昂地杀向凤翔。俗话说：唾沫星子淹死人。舆论的力量在古代更是大得超乎想象。大家想想，"勤王诛乱，讨逆匡正"，人家朱全忠那是为国尽忠呀，自然人心所向。就这样，心里打着如意算盘的朱全忠离自己的目标越来越近了。

/ 一箭双雕 /

凤翔节度使李茂贞听说汴军杀来,自恃有皇帝在手,根本不当一回事儿。他没想到自己面对的是一个不达目的誓不罢休的人。公元902年3月,在一片摇旗呐喊中,朱全忠带着朱家军来到凤翔城下。为了达到既打压李茂贞又不伤到皇帝的目的,朱全忠下了一道命令:围城。这道命令也是他历次命令中最温柔的一次,具体要求是:所有围城部队,不许挑战,不许出战,不许出营。这一围就是5个多月。

转眼进入9月,一天,朱全忠要求所有的围城将领回到河中(今山西永济西)商议下一步军事部署。一到河中,部将们见到朱全忠就说,"主公,跟着您打了10多年的仗,还没这么憋屈过,既不让打,又不让动,还不让骂阵,真是憋死了。""主公,天下英雄看着您这一仗已经一年了,各路节度使要么已归顺您的麾下,要么不再有作乱实力。归附您的也看您这最后一步,如果您迟疑了,会不会有人起疑心啊?"朱全忠示意大家安静,然后说:"李茂贞在凤翔经营多年,城坚池深,硬攻不仅有损我军实力,而且还会落得个惊驾的恶名,所以决不能硬来。现在李茂贞坚守不出,我们只能引诱他出城受死。"朱全忠是一个城府极深的人,这个引蛇出洞之计可谓一箭双雕:凤翔城被围困这么久,粮食肯定消耗得差不多了,所以李茂贞要么中计出城攻汴军营垒,要么出城搜粮,只要把他搜粮的部队消灭掉,就可以达到反向的坚壁清野,到时李茂贞再有面子,也得乖乖地把皇帝送出来。

/ 围城篡位 /

又3个月过去了,朱全忠硬是没让一粒粮食进入凤翔城。他命人在城外挖了深沟,布设了铃铛响板,绝对是把凤翔围成了铁桶。11月,大雪纷飞,凤翔城内粮绝,饿死者众,军队士气低落,而自恃有皇帝金牌的李茂贞也只能以狗肉供应皇帝餐食。这时城外的朱全忠兴致极高,命令每天击鼓,佯装攻城,并且扎制草人,给李茂贞来了一个草木皆兵。城里的宦官是一帮吃不了苦、受不了罪的人,这种生活条件比杀了他们还难受。于是,他们相互埋怨,给李茂贞施加压力。眼看大势已去,李茂贞秘密修书给朱全忠:"所有祸乱全部是由韩全海造成的。我请圣驾只是为看住韩全海,不让他作乱。现在您已经来了,绝对是雪中送炭。特请您诛杀韩全海,匡扶圣驾。"看到对手已经投降,朱全忠当然愿意落个顺水人情,既得了皇帝还诛杀了韩全海。有了一切,皇帝还有什么用?

公元907年,朱全忠篡位,国号大梁。这下是捅了马蜂窝,凡是没有归附他的节度使都拉起旗号,诛讨逆贼,匡扶唐室。虽然每个人都有自己的小算盘,但是朱全忠毕竟成了众矢之的,各路人马群起而攻之。在南部,光州刺史抄略朱全忠的部队,获得辎重粮草,几乎断了朱全忠南方部队的粮草;在北方,朱全忠攻打幽州和沧州,并且又上演一次围城战,虽然城里没有食物,只能以土为食充饥,但李克用出兵焚烧朱全忠的部队粮草,解了沧州之围。一时间,各路人马争地夺粮,天下大乱。

手握粮权，晋主拥兵北方傲视群雄

□ 姚 磊

虎父无犬子，李克用的儿子李存勖雄才大略，拥兵北方高举兴唐复李大旗，手握粮权，傲视四方群雄。赵王向其求援，年轻的晋王这样想："燕云水源丰沛，土地肥沃，刘守光仅拥有燕山南面少量平原，就能够驱动上万兵马，可见夺取此产粮要地乃重中之重。"于是，他果断下令："攻打刘守光。"

* * *

朱全忠弑君篡位之后，天下再无太平之日。各路节度使蜂起，有的自立山头，有的拉起复唐兴李的旗号，梁国四面楚歌。老对手李克用的撒手人寰让朱全忠窃喜：晋国乃囊中之物也。但也只是高兴了一小下，因为他发现虎父无犬子，李克用的儿子李存勖雄才大略，拥兵北方，高举兴唐复李大旗，手握粮权，傲视四方群雄。真真气煞朱皇帝也。

/ 顺水推舟欲夺产粮要地 /

话说晋王李存勖即位之后，把排兵布阵当成头等大事来抓。他深知，晋国北面虽然有契丹，但毕竟自己南下的实力不够，而东面的卢龙节度使刘守光还是另一个强敌。刘守光经营幽州、蓟县多年，自恃有兵有地，派人联系赵王王镕及义武节度使王处直，意欲担任攻打梁军的盟主。刘守光的算盘打得可美：河东的势力和柏乡节度使可应付梁国的军队，自己坐收渔翁之利即可。赵王也不是吃素的，他当然晓得其中利害，果断派人告知晋王李存勖。

晋王的手正痒痒，接到消息马上召集各路将军，一脸不屑地说："将军们，当年赵国因与梁军对阵告急求援于刘守光，刘守光根本不出一兵一卒援赵。后来，我父亲仁义海量，派兵救援赵国，保护赵王，他刘守光竟然想趁火打劫。卢龙节度使管辖的地方，北到燕山余脉，南到柏乡沧州，地产丰富，粮食充盈。刘守光还不知足，今天又离间赵王及义武节度使。这个人真是自不量力，愚蠢之极。""主上，我们与刘守光已经相邻。如果他要派兵滋扰我们，我们要出燕山救援，虽然燕山诸路均可直达燕云，但是毕竟相隔百里，难以及时应付。如果我们派兵驻守，又会落得他的口实。这样我们出也不是，不出也不是，不如直接把刘守光打掉，然后向南攻打梁国。""南部梁国军力虽然日益不济，但是毕竟瘦死的骆驼比马大，而且目前除了赵王之外，其余的节度使也都举棋不定，所以必须先消除后顾之忧。燕云水源丰沛，土地肥沃，刘守光仅拥有燕山南面的少量平原，就能够驱动上万兵马，可见夺取此产粮要地乃重中之重。"想到此，年轻的晋王果断下令："诸将听令，魏博、邢州军队全线后撤，向北进攻，在易县、正定与我主力会合。蕃汉步马总管周德威从飞狐进击，待南撤的军队合并一处，攻打刘守光。"

/ 天赐良机奇袭运粮通道 /

刘守光早按捺不住自己。公元910年11月，他发兵攻打易县。义武节度使王处直向晋王求救，这实在是上天赐给晋王的开战借口。周德威得令后发兵幽州，结合实际改变战术，奇袭快攻，及时获得了军事优势。这里简要介绍下周德威奇袭快攻法。这种战法必须仰仗后方粮食供应，它的缺点是将会导致自身后方虚耗增加。《孙子兵法》云："凡用兵之法，驰车千驷，革车千乘，带甲十万，千里馈粮，内外之费，宾客之用，胶漆之材，车甲之奉，日费千金。"周德威是怎么做的呢？他采用以面困点的战术，直接攻打幽州所属各县，直到幽州城变成一座孤城。周德威一路猛攻猛打，涿州刺史投降，幽州门户洞开。

这时的刘守光束手无策，派人快马加鞭向朱全忠求援。朱全忠听到晋王攻打幽州，立马忘了自己早已不是年轻时候的战神，立即发兵北上。他是这么想的：这样一来能够攻打晋军守卫弱点，二来围魏救赵的战法还是屡试不爽的。

战事的发展并非如朱全忠想得那么顺利。当朱全忠带领的50万朱家军到达忻州时就出了岔子。忻州乃井陉出口的重镇，如果这里失守，晋军完全有可能被梁军"包饺子"。面对兵临城下的朱家军，忻州裨将建议刺史李存审退守井陉，李存审严词拒绝："我晋王正在攻打幽州，一时不会有任何兵马抽调帮助我们守城，所以朱全忠来到我们忻州，收拾他就是我们的事，无论如何必须守住忻州。如果忻州失守，井陉打开，晋阳不保，我晋王的千秋大业就会前功尽弃。""朱全忠带了50万人，我们不到万人，怎么和他拼？我愿意尽忠职守，但是我们这点兵马还不够给他塞牙缝的，能拖过一天就算幸运了。"守将虽然大义凛然，但是也道破了此时忻州的窘境。

"我们不能和梁军硬拼，只能智取。"虽然李存审年龄不大，但也是身经百战。"梁军北上，主要是因为晋王急攻幽州。幽州城池不深，不多时日就能攻下。而梁军此次前来营救是临时出兵，不可能有50万人，况其多有不和，朱全忠亲征，带的定是自己的亲兵，充其量不过10万人，兵马粮秣皆为自带。现在北方已入冬，后勤线是他最大的弱点。因此，派出10支骑兵部队，带足干粮，绕道梁军后方，袭扰其后勤运粮通道。"这个法子就是当年李克用攻打黄巢和朱全忠的方法，即出骑兵袭击地方辎重部队，使敌军士气低落、不战而退。

梁国气数尽，晋王雄心勃勃以粮扩疆

□ 姚 磊

魏博节度使所拥军队皆为父子相承百年之军，内部关系盘根错节，硬要其分开肯定要动其根基。因此，当梁军紧逼这时，魏博节度使已倒向了晋王李存勖。凭借此缘由，李存勖立即发兵南进，直击产粮宝地魏博……

* * *

晋王李存勖力战不殆，幽州尽收其麾下，河东势力从晋阳附近扩展到了今天的华北平原。其实在灭燕过程中，最险恶的一战是李存审在南部的阻击战。当时朱全忠带领号称50万的梁军前往救援被晋军挡在了柏乡以南。得知自己的军队不战而退，朱全忠急怒攻心，吐出一口恶血，从此一病不起。朱全忠的儿子不但没有为梁国的强盛作出任何贡献，而且选择了当初朱全忠获得皇帝宝座的方式——弑君篡权。结果是梁国四分五裂，实力一落千丈。对于雄心勃勃的晋王来讲，是时候了结与梁国多年的恩恩怨怨了。

/ 智取产粮宝地 /

欲攻梁必先平魏州。本来魏州之魏博节度使专职多年，在晋、梁夹缝中求得生存，但毕竟魏州战略地位重要，也必将成梁、晋必争之地。魏州南面的汴州位于黄河南岸，土地丰饶，物产丰富，粮食生产最为集中，自古也是兵家必争之地。魏博之地历史悠久，欲要得该地，必智取，不得动武。

公元915年，梁国急于求成，着手攻打魏博。梁租庸使赵岩对新梁主说："魏博之地乃唐朝心腹之患，当年安史之乱时魏博乃为京畿拱卫地，但自后历经200年未能除去，其地广兵强，因此建议将魏博之地分为6州，然后分而弱之。"赵岩的计谋不错，但魏博节度使所拥军队皆为父子相承百年之军，内部关系盘根错节，硬要其分开肯定不易。当梁军紧逼之时，魏博节度使已倒向了晋王李存勖。凭借此缘由，李存勖立即发兵南进，直击魏博之地。李存勖任命孔谦为支度务使协助管理魏州。虽然魏州受梁国紧逼，四处烽烟，但是在孔谦的指挥下，府库充盈，就连晋王灭梁之战的全部供需皆由魏州供应。

/ 奇袭德州 /

魏博节度使投降晋国之后，贝州刺史张德源不从，与沧州、德州刺史联合，南面向梁国主将刘鄩寻求帮助，同时还派兵袭扰晋王南下的运粮车队。晋王当然知道，贝州如果不归顺，将会变成他今后攻打梁国的心腹大患。于是，晋王召集武将研究进攻策略："各路将军，我们决定南下平定梁国忤逆贼人。现在刘鄩勾结贝州刺史，拒我南下大军，近日还袭扰我军。我们虽加强了运粮勤务保卫，但这毕竟不是长久之计。""王上，他小小贝州不从我晋，我们不要对他客气，直接攻打其州城，斩杀刺史，彻底隔绝刘鄩联络。"众将领齐声赞同。

到底是身经百战的君王，晋王非常冷静，他的分析也非常理性："各位将军，我们攻打的目标是梁国。虽然贝州不从我晋国，但毕竟是地方将领不识时务。贝州刺史之所以能够为所欲为，是依仗贝州城池坚固、粮食储备丰富。如今他肯定做好了与我们对抗的准备，硬攻我军必受牵制，粮食运输也必会受制于此地，南面的沧州和德州虽然也与其呼应，但不是军队驻营的重地，所以我们要直接打德州、沧州，断绝他们与贝州往来，从而使贝州受围，而德州、沧州的粮食也就能够直接补给我们晋军。"按照晋王部署，晋军500骑兵昼夜兼程，奇袭德州，孤立沧州和贝州。

道高一尺魔高一丈

晋军与刘鄩的军队已很近。为了犒劳军队,晋王中了刘鄩的埋伏。千钧一发之时,裨将夏鲁奇英勇护驾,终将晋王带出伏兵圈。

这个刘鄩也是久经沙场的老将,深知粮食对战争的重要性,此次设伏虽然没有抓住晋王,却让他有了一个惊人的想法:"既然晋王在贝州附近,那么其晋阳城一定空虚。按前段时间的侦察,晋军大部分在魏州做进攻前的准备,故可攻其不备,一举拿下晋阳,以解大梁之危。"说干就干,刘鄩亲自带领军队乔装打扮出营西去。

梁军两天没有任何动静,且守卫士兵姿势不变,这让晋军深感奇怪,遂报告晋王。晋王到阵前看后说:"刘鄩计谋多,可以说是一步百计,但他是个畏首畏脚之徒,不善于决战,那么他一定是攻打晋阳去了。"讲到此,他马上派兵赶回晋阳:"无论如何,必须赶在刘鄩之前到达晋阳,不用管刘鄩的进攻,只要能让晋阳城知道刘鄩将要进攻就可以,然后务必鼓噪声势,就说我晋阳早已待其多时。"就这样,晋军按照晋王军令,不畏路途艰难,直接攀援燕山山脉抄近道赶往晋阳,路上士兵损失十之二三,终在刘鄩之前抵达晋阳。

随之而来的就是一个巨大的逆转。因为是偷袭,刘鄩军队必须轻装简行,军粮、草料带的根本不够。当到乐平城下时,看到城头戒备森严,灯火通明,就知道奇袭不成了。这时粮食不够,前有守备,后有追兵,刘鄩陷入绝境,只能退兵驻防。

南下称雄，契丹修田筑城做战备

□ 姚 磊

晋王攻打刘守光的时候，刘守光的参事韩延徽到关外向契丹求援。耶律阿保机求贤若渴，有意将韩延徽留在身边。韩延徽对刘守光的战略部署非常清楚，深知其大势已去，索性顺水推舟答应下来。就这样，契丹南下称雄的序幕拉开了。

* * *

晋王和梁王逐鹿中原，打的是你死我活，殊不知燕山南麓、幽州以北的契丹开始蠢蠢欲动。早年，唐在幽州设置节度使，以防北部少数民族南下。安史之乱后，压抑多年的契丹日益强盛，也开始将目光转向中原。他们是怎么做战备工作的呢？

/ 农牧结合　决定南下 /

契丹属于东胡，作为北方的少数民族，以游牧为生。按照草原部落的政治生态，部落首领是选举产生的。但是随着一个人当政后，一切变得不一样了，这个人就是为人机敏、有勇有谋的耶律阿保机。主持契丹政务后，阿保机看到的不仅是丰美的牧草，更看到了农业的重要作用：逐水草而居确实自由，而自由的代价就是靠天吃饭，每遇天灾，人畜必定大量死亡，所以必须向汉人学习农业知识。

每年冬天，草原上秋草枯萎，日子最是难过。而此时，临近幽州关塞之处天气还比较温暖，青青牧草诱惑着大量北方牧民向幽州聚集，同时激发起游牧民族的掠取占有之心。这样一来，幽州百姓的太平日子没有了。加上节度使刘仁恭残暴无度，一批又一批的关内人口向关外迁徙。迁徙大军带走的不仅是人口，也将耕作技术带到了关外。

晋王攻打刘守光的时候，刘守光的参事韩延徽到关外向契丹求援。阿保机正求贤若渴，有意将韩延徽留在身边。韩延徽对刘守光的战略部署常清楚，深知其大势已去，索性顺水推舟答应下来。就这样，契丹南下称雄的序幕拉开了。

/ 汉人粮策　壮大契丹 /

这天，阿保机问计于韩延徽："你来我契丹看到我们兵强马壮，契丹振兴指日可待。南方军事吃紧，必然有北来的汉人，只是他们难以适应契丹的苦寒，对他们我该如何处理呢？"韩延徽确实有治国安邦的大智慧，他是这么说的："大汗，北来的南人如我一样，都是躲避兵祸的百姓，希望到契丹过平安日子，让家里人有饭吃、有衣穿，因此不会对大汗造成任何影响。"看着阿保机连连点头，他继续说："那么大汗，您可以开恩让北来的汉人开垦田地，种植粮食蔬菜，编织土布，这样南人得以安置，契丹还可得到比较稳定的粮食供应。""我契丹是马背上的英雄，农业耕作不是我们的特长啊！"见阿保机面有忧虑，韩延徽恭敬地说："大汗，契丹每年深秋时节都向南方迁徙，因燕山南麓有牧草可供牛马所需。可遇到灾年，只能听天由命。当年刘仁恭深知粮草重要，一入秋便开始按契丹军制训练军队，到深秋必突袭出燕山的契丹牧民，使契丹无法越过长城。同时，他还用粮草制约契丹南下。"阿保机坐正了身子，说："韩公快讲。"韩延徽接着说："中原地区军事战略无不出自《孙子兵法》，兵圣有云：军无辎重则亡，无粮食则亡，无委积则亡。每年的秋岁，契丹无粮，整个部落只能向南迁移。而刘仁恭为了防止契丹大军南下，除了军事袭扰外，必派出骑兵北出长城400里分区域焚毁牧草，契丹牧人难以抵近长城300里，所以每年冻饿毙亡牛马无数。德钦可汗不得已，只能买马贿赂刘仁恭以让牧民在长城附近放牧。如果我们在靠南的地方开垦土地,种植粮食,不仅能够产出麦秆等饲料,还可保证粮食供应。农民有了土地,也一定会安心地种植屯垦。到时候,契丹一定能够向南以图霸业。""韩公所言极是。那就请您统领南人事务,修田筑城,为我契丹大业奠定基础。"听了韩延徽的分析,阿保机果断决定。

就这样,韩延徽作为一个汉人,在契丹大汗帐下开始了丞相工作。

可以说,契丹步步壮大,与韩延徽的粮食政策密不可分。

挥师南下，李存勖轻敌失大将

□ 姚 磊

银枪大将王建及穿上甲胄，拿起银枪，大声说："大王，他梁军的主将不是死了就是怕了，要么就是跑得无影无踪了。我们士气正旺，现在攻打这些没有吃饭的梁军，绝对是摧枯拉朽！"

* * *

眼光向南，在魏州做好南下准备的晋王李存勖已经是厉兵秣马，大业指日可待。此时，李存勖首先想到的依然是粮食。是啊，粮食让他爱恨交织，怎能不想？

/ 晋王轻敌 /

忆往昔，梁王朱温纵横天下，唯在梁国境内没有用过兵，而晋王好几次都被打到了家门口，多是仓促应战；看今朝，大不一样：晋王已将魏博地区收归麾下，契丹无进攻迹象，南进步伐业已迈开。这场大决战结果可想而知。

公元918年，李存勖听到一个非常振奋人心的消息：梁国北面行营招讨使贺瑰善统领梁国步兵，将排阵使谢彦章及别将侯温裕等善于指挥骑兵的将领以"谋反"的名义杀掉，使他在兵权独握的同时，自己也成了孤寡之将。

"阵前换帅乃兵家大忌,梁国的将领在这个节骨眼上自相残杀,真是天助我也。"李存勖开心不已。因为他知道,贺瑰善带兵以严酷著称,但对骑兵穿插战术一窍不通。如果派军直接攻打大梁,一定能够克敌制胜。想到此,他恨不得马上就直捣汴梁城。

将军周德威毕竟是久经沙场的老将,听到这个消息后,连忙对晋王说:"王上,梁人虽然将自己的主将斩首击杀,但是其军队尚全,且军需、辎重均无变化。梁军主将对军队影响有限,毕竟梁国还有梁王。"但是晋王依旧要求全体军队向南开进。贺瑰善发现晋军调动便紧随而至。周德威非常谨慎,发现异常后立即奏报晋王说:"王上,梁军一直紧随我们,没有任何撤退的迹象,且满装满员开进,不得不防。我们已经进入梁国境内,营垒已经搭建完毕,应以守为主。我派骑兵骚扰梁军,让他们疲于奔命。到了太阳快落山之时,我们再全力进攻,一定能够取其上将首级。""我说周将军啊,在黄河北岸的时候,你说看不见梁军的影子,天天叫嚣着要把梁军打得落花流水,现在梁军就在眼前,你怎么就不打了?"李存勖看着眼前即将得到的胜利,着实按捺不住心头的喜悦。"算了,听我的!李存审,我命令你现在点起辎重粮草出营南进,我给你殿后,去打梁国。"说完轻蔑地看了周德威一眼。周德威无法,只得带着自己的幽州亲军跟李存勖向南开进。

/ 亦胜亦败 /

李存审带着粮草、辎重部队向南开进的时候,选择了右前方的行军路线,同时与主力部队保持距离。这样既能及时发现敌情,也能够相互照应。李存审考虑得不错,但贺瑰善毕竟是步兵统领,且看李存审的做法:带领步兵摆出一个长蛇阵,绵延十余里。这样一来,晋王的队伍进攻时,兵力自然分散。所幸梁军实力大不如前,郑州防御使王彦章军队先败阵西逃。

西面是晋王的辎重部队,战斗力极弱,一见梁军的旌旗冲向自己,丢下辎重向北逃去。结果周德威带领的幽州军被李存审的部队冲乱了阵脚,周德威死于乱军之中。

看着绵延数里的梁军,晋王心里也含糊了。这时,昭义节度使李嗣昭把之前周德威的话重复了一遍:"王上,梁军弃营跟进,说明其目的不是要与我军决战,所以上自副将,下至士卒,均是思家心切,无心恋战。太阳快落山了,我们现在应该派出骑兵部队,骚扰其军营,让梁军没有时间烧火做饭。这样到了入夜,我们全力进攻,梁军一定可破!"见晋王不语,银枪大将王建及穿上甲胄,拿起银枪大声说:"大王,梁军的主将不是死了就是怕了,要么就是跑得无影无踪。我们士气正旺,现在攻打这些没有吃饭的梁军,绝对是摧枯拉朽。大王,您站到高处,看我杀敌破阵。"结果梁军大败。但是晋王经此一役,痛失大将周德威,还是得不偿失啊。

镇州平乱：李存勖再获"粮"机

□ 姚 磊

晋王的军队也没带多少粮草，多打一天就多一天的危险，必须速战速决。天助晋王，天空突然大雪纷飞。契丹军只能向北撤退，路上没有食物，人马多在途中冻饿而死。

* * *

周德威的意外阵亡让晋王的谋士团损失巨大，他自己也因此缺了几分谋略。比如，在镇州平乱中，就因慌乱差点失了大好战机。

/ 张文礼弑君自立 /

赵王晚年虔诚礼佛，每次礼佛出行动辄万人跟随，费用惊人，地方官员苦不堪言。赵王自己不问政事，所有的军政事务全由宦官打理。宦官李弘规看得比较长远，他深知宦官当权势必影响赵国安危，国之不存，再大的权又有何用？于是向正在成德礼佛的赵王提议：赶紧回镇州（赵国都城）理朝政，除积弊。赵王正在兴头上，根本不听劝谏。李弘规心一横，直接让内牙都将苏汉衡胁迫其回府。李弘规的行为深深刺伤了赵王的自尊，触及了帝王的权威。赵王怒了，遂以作乱犯上之由，诛杀亲军将领，且连坐十族。赵王养子张文礼看到情势不妙，马上决定弑君自保。

公元921年，张文礼率领亲军杀赵王，焚王府，自立为赵王，然后将赵国内乱之事告知晋王。晋王得知消息本想征讨张文礼，谋士力谏说：晋、梁战事正紧，尽量少树敌。于是，晋王赐张文礼为成德留后。张文礼算是逃过一劫，但毕竟是弑君上位，难保晋王日后不找他算账，于是顾虑重重。

/ 李存勖戡乱慌神 /

张文礼担心的没错。没多久，晋王果然任命原赵国的成德指挥使符习为新的成德指挥使，征讨张文礼。

既然早料到晋王有此一招，张文礼应该会有所备吧？答案是否定的。你猜张文礼知道后怎么着？他竟然被吓死了！张文礼怂，他的儿子张处瑾却极有心计，他命令秘不发丧，准备迎战晋王的军队，同时邀约契丹，南下杀掠。

公元922年，晋王到距镇州不远的新城督战，其斥候回报："前方50里发现契丹骑兵，人数不少于千人。""再探，一定探明其总兵力。"不多时，探马回报："契丹宿营地在新乐县，部分前锋已渡过沙河向南进发，其后续部队绵延数里，骑兵不下万人。"听罢，各路将领面露惧色，有将领说："王上，目前契丹来犯，应是策应梁国及镇州的叛乱。我军同时打两场大仗，取胜把握不大；契丹目标十分明确，他们已绕过幽州城，北部边防已无大意义。如欲保存实力，可以北守南攻，或退守井陉。"好不容易打下来的幽州怎能说放手就放手呢？而且南部的魏博、北部的燕云不仅是晋国军士浴血奋战换来的，更是父亲李克用几十年的经营，不能说放就放！想到此，晋王苦恼之极。这时，中门使郭崇韬说："王上，我军无须退兵。"这句话让李存勖眼睛一亮，他无比期待地看着郭崇韬。"首先，兵家常说军争要点为天时、地利、人和。天时，现在乃冬月，天下肃杀，无粮无草；地利，除熟悉地形之外，也有粮草考量，契丹现在南下不可能有长期打算，镇州内乱也不是长期准备的结果，因此地利不会有大的问题；人和更是对我方有利，契丹南下是侵占我国土，镇州乱党是内乱，所以无须恐惧契丹。"

契丹军无粮而退

一席话说得李存勖茅塞顿开，他高声说："诸将听令，此次契丹来犯，是策应镇州乱党而来，我军乃守土卫国，因此各路军士务必奋力杀敌。"说罢带上头盔，跨步出帐，翻身上马，自带5000铁骑一路向北，直取新城外契丹营地。

当契丹士兵看到晋王的军队穿过树林准备排兵布阵时，立即向北逃跑。看到此情形，李存勖兵分两路，向北追出十多里，还俘虏了契丹王子。契丹军队一路逃到望都县，驻营准备迎战。

李存勖知道契丹没有什么粮食，而自己军队士气正旺，于是快马加鞭，冲杀在前，与契丹鏖战4个回合，身不解甲。因为晋王的军队也没带多少粮草，多打一天就多一天的危险，必须速战速决。天助晋王，天空突然大雪纷飞。契丹军只能向北撤退，路上没有食物，人马多在途中冻饿而死。

在随后的镇州平乱中，晋王的军队粮草虽有损失。但为保证稳定的粮食供应，晋王的军队不惜损兵折将，终平镇州之乱。

后唐平蜀：快攻获粮军供不再是噩梦

□ 姚 磊

　　古语说：蜀道难，难于上青天。李存勖选择的是当年秦王攻蜀的故道——金牛道，秦王就是得蜀地充盈的粮食以供灭六国之需的。李存勖让儿子李继岌统领三军攻打蜀国。但这个皇太子不太给力，实际上军事准备和部署全由枢密使郭崇韬代劳。蜀道难，粮食转运成为对后唐军最大的考验。

* * *

　　公元923年，晋王李存勖亲率大军渡河南进，最后攻克汴州，梁国被灭。但晋王知道，灭掉梁国并不是结束，北方新定，任重道远啊。

/ 渤海王粮诱晋王攻蜀 /

　　渤海王高季兴入朝道贺："我王新灭大梁，为诸侯伸张正义，乃是天命所归，众望所归。大王应顺应天时，符合民意，开疆扩土，定可成就大业。"这几句话说到了李存勖的心坎上，他高兴地说："渤海王所言极是，对我唐国来讲，讨逆匡乱乃是为百姓谋福。我现在仍有一事举棋不定，想听渤海王的高见。""君上请直言，我定当知无不言、言无不尽。""梁国已灭，乱臣贼党已驱，但是南方仍然为乱人所控，因此我唐国需要继续平乱扶正啊。下一步如何进展我拿不定主意：一个是南部的吴国，一个乃蜀国，我该先征讨哪一个？"高季兴老谋深算，他料定李存勖灭掉梁国后必定准备新的征讨。若向南直接攻打吴越，南平国与吴越相邻不远，势必受到影响；而如果将战火引向西南的蜀国，南平国必定得安。于是，他对李存勖说："王上，梁国已灭，海内欢喜，但仍有不平之国作乱不殆。现吴国国薄地贫，攻打没什么益处。蜀国是膏腴之地，粮食产量高，蜀主荒淫无度，民不聊生。拿下蜀国定容易，之后顺流而下，吴国唾手可得。"

"渤海王果然高瞻远瞩。"李存勖心里乐开了花。也难怪，梁国产粮丰富，吴国也是粮食产区，照理应先得；但按照高季兴所说，吴国乃平原，不易坚守，故蜀地可作目标。

/"攻下蜀国吃饱饭"/

古语说：蜀道难，难于上青天。李存勖选择的是当年秦王攻蜀的故道——金牛道，秦王就是得蜀地充盈的粮食以供灭六国之需的。李存勖让儿子李继岌统领三军攻打蜀国。但这个皇太子不太给力，实际上军事准备和部署全由枢密使郭崇韬代劳。蜀道难，粮食转运成为晋军最大的考验。

公元925年，后唐大军从洛阳向西开进。蜀王仗着天险根本没把后唐的进攻当回事，而是带领几万人到秦州游猎。后唐军的第一战就是攻打蜀国在陕的威武城。结果蜀军根本没有多少抵抗就直接投降了，败兵逃入蜀国，后唐军得粮20万斛。

这些粮食远远不够大军攻打蜀国所需。当时，按照晋王的安排，负责军队供应转运的是凤翔储粮。凤翔城储粮确实不少，但随着后唐军日益强盛，其供应能力日益吃紧。当晋王决定从散关进入蜀国时，军需供应就成为后勤官的一场噩梦。对这种情况，督军郭崇韬再清楚不过，他深知攻蜀必须快攻快打。因此，后唐军行至散关的时候，郭崇韬指着秦岭说："各位将士，我们如果不成功，就不要再回到故土。蜀王昏庸无道，我们定要一击败之。现在我们的粮食不多了，我们必须攻下蜀国，进击凤州，取其粮草。"郭崇韬号令一出，"攻下蜀国吃饱饭"便成为后唐军进攻的最大动力。很快，后唐军攻下凤州、兴州、文州、扶州四地，得食40万斛。

仓促应战蜀地归后唐

再看蜀王。此时,他的游猎队伍正来到利州。在这里,他见到了从威武城败下来的蜀军将士。扫兴加震惊,蜀王一下懵了,连忙召人商议。

中书令王宗弼说:"在东川、山南,我们蜀国军力尚且完整,陛下应当带领大军扼守利州,唐国之人就不能入蜀了。"这个方法好是好,能够保证在金牛道上驻守重兵,防止后唐军长驱直入。为了保证能够抵御后唐的军队,蜀王出手十分大方,凡是驻守利州的军队,多赐军粮。

谁料这下却出了致命的问题。自蜀王带兵游猎以来,一路上万人队伍食宿全由地方支持,各地怨声载道:"蜀主关爱亲军,其军粮数倍于其他守军,而其他军队就不吃饭了吗?没有饭吃,如何抵抗唐军进攻呢?"本来就军心不稳的蜀国仓促应战,结果一败涂地,蜀王最后成了阶下囚。

囤粮争天下 石敬瑭甘做儿皇帝

□ 姚 磊

晋阳城粮食所剩无几,石敬瑭果断决定突围。这时,契丹骑兵在晋阳城外驻扎。就在唐军开始攻城时,契丹骑兵冲入步兵方阵,将唐军一分为二,各个击破,战局立时扭转。

* * *

话说后唐庄宗李存勖手下大将李嗣源在建立后唐过程中屡立战功,却遭到李存勖的猜疑。同光四年(公元926年)初,魏州(今河北大名一带)发生兵变,庄宗派李嗣源率兵征讨叛军。李嗣源骑在马上闷闷不乐,手下将领都为他鸣不平,说:"皇上凭啥猜忌你要造反?干脆趁这次出征反了吧!我们拥立你来当皇帝!"鼓动他造反最积极的,就是后来做了"儿皇帝"(后晋高祖)的石敬瑭,他是李嗣源的女婿,自然巴不得岳父当皇帝。公元926年四月三日,李嗣源入洛阳称帝,即后唐明宗,改名亶,改元天成。这下石敬瑭高兴了,老岳父做了皇帝,他做了河东节度使,镇守太原,成了"大军区司令员"。

石敬瑭的妻子晋国长公主同父异母的弟弟秦王李从荣目无法纪,骄横无比,与长公主不睦。石敬瑭不想趟这潭浑水,因为他清楚,明宗皇位传男不传女,他作为一个外姓人,是没有政治上的发言权的。但石敬瑭知道,早晚有一天李氏兄弟会跟自己摊牌,与其坐以待毙,不如放手一搏。而要克敌制胜,第一要务是什么呢?当然是粮食。他利用儿子在朝中担任内史的便利条件,随时了解朝中变化。此时,契丹利用后唐的内部矛盾南下,屡屡得手，并且在大同县设立营帐，对南方各国的军事压力极大。作为战将，石敬瑭被派到北方边境戍边抗敌。

石敬瑭的机会来了。当时契丹南犯有两路：一路从大同南下，一路从幽州南进。而当时的禁军多在幽州防守，在大同附近的军队只有石敬瑭的亲军。于是，他以北方强敌屡屡犯境为借口，向朝廷要兵要粮，囤积粮食，备战谋反。聪明人不是没有的，潞王李从珂（后唐末帝）就是一个。他觉察到石敬瑭心有异志，但苦于没有借口除之以绝后患，心中那个急呀！石敬瑭回到晋阳后，李从珂步步紧逼分其兵权。对于一个将军来说，这样的要求无异于要他自裁。都押牙刘知远说："主公，您带兵打仗多年，所向披靡，军士都敬重有加。晋阳城易守难攻，若潞王带兵前来，可以屯兵大战，您一定要坚持到底。"掌书记桑维翰说："新皇刚刚即位，您是多朝老臣，现在河东的军镇都在主公手中，此乃天意。您是明宗的爱婿，但今天的潞王对您忌恨有加，因此没有必要再听他的。只要您需要，云州各路军马朝呼夕至，什么大事不能成呢？"听了谋士们的一番话，造反起家的石敬瑭再次作出了谋反的决定，这个决定影响中国历史近300年。

言归正传。毕竟只是一方节度使，石敬瑭在实力上跟中央相比还是有很大悬殊的。

李从珂大军压境，石敬瑭只能死守晋阳城。晋阳城的粮食再多也有吃完的一天。但是李克用经营多年的地理优势救了石敬瑭。

老天也帮着石敬瑭。就在潞王的大将张敬达采取木栏围城时，晋阳开始下雨，木栏因水而膨胀，根本无法连接。

晋阳城粮食所剩无几，石敬瑭果断决定突围。这时，契丹骑兵在晋阳城外驻扎。就在后唐军开始攻城时，契丹骑兵冲入步兵方阵，将后唐军一分为二，各个击破，战局立时扭转。

原来，石敬瑭曾派人向契丹求援，表示如果契丹能够助他取得胜利，他将燕云诸州割让契丹。契丹当然愿意，契丹可汗垂涎中原已经几十年了，毕竟草原上的冬天没有粮食啊。

契丹兵与后唐兵合战一处，后唐兵死伤无数。结果是石敬瑭灭后唐自立，后在柳林被契丹封王，遂为后晋。

空有一腔激情，石重贵无粮北伐兵败国亡

□ 姚 磊

公元946年，晋主力排众议，开始北伐。天公不作美，大雨连续下了4个月，道路上满是泥泞，极大地影响着行军速度，粮食运输效率更是大打折扣……

* * *

天福六年（公元941年），傀儡皇帝石敬瑭授命刘知远为北京留守、河东节度使，病故前还召其回都城辅政托孤。但是新皇帝石重贵并不买老爹的账。刘知远对此无所谓，他知道这个儿皇帝一直想北抗契丹，收复失地。但这个儿皇帝实力不济，缺乏粮食，这样的仗必败无疑。既然对这事他管不了，索性事不关己，高高挂起。

来看看新晋主的情况：军事上，新晋主从小养尊处优，且晋国极缺粮食；战略上，晋主获胜心切，置粮草储备不足的现实于不顾，头脑发热决定开战，失误显而易见。

石重贵可不管这些，他心中只恨刘知远不响应："我要攻打契丹，各州节度使都积极响应，唯独他刘知远不响应，我看他其心必异。"消息传到刘知远这里，他的亲将郭威愤愤地说："将军，河东之地山川险要，我们在此占尽天时地利人和，军士皆尚武勇猛，且骑兵远远多于其他藩镇，解甲归田可农耕休养，动则熟战悉征，这可是称霸的资本呀。"听到这样的分析，刘知远陷入了沉思。他想些什么，咱们日后再表。

公元946年，晋主力排众议，开始北伐。天公不作美，大雨自6月开始下，一直到10月才结束，道路上满是泥泞，极大地影响着行军速度，粮食运输

效率更是大打折扣，而粮食产区收成也没有预期那么好。军队的粮食供应出现了短缺，主将却不闻不问。可笑吧！这个主将是何方神圣？晋天雄节度使杜重威是也。这个杜重威因是贵戚而得北伐上将军之职，带北伐主力部队。杜重威生性怯懦，每天只会喝酒吹牛，所以考虑不到军粮供应也在情理之中了。

话说契丹得知晋军北伐，立即发兵南下。虽然没有决定要彻底灭掉晋国，但是打上门来的对手，契丹绝对要应战。说来也巧，契丹派出的部将也是贵戚，名萧翰，乃契丹主的舅舅。双方主将同为贵戚，却有着天壤之别。萧翰勇猛善战，战场上总是冲锋在前，而且特别重视战前会议。这不，晋军还在泥泞中跋涉，契丹便开始研究战术对策了："听探马来报，晋军主帅乃一酒色之徒，不事军事，骄横跋扈，自拔营北伐以来，很少商议军事战略。将军，我契丹兵强马壮，一定要将其剿灭殆尽。"契丹通事刘重进说。

"我骑兵应迅速南进，从西山脚下疾速穿插，1000铁骑最好在3日内背袭晋军，再两面夹击。"萧翰分析说，"晋军多为步兵，虽人多势众，但其军粮消耗远远多于我契丹。因此1000铁骑的任务就是切断晋军的粮道，游击其运粮车队，使其军粮不济。到时我主力部队加大进攻，就可将其剿灭。"不日战斗开始，契丹骑兵穿插到晋军背后，对晋军砍柴、运粮的士兵赶尽杀绝。得知契丹军心狠手辣，晋军士气动摇。当萧翰带兵攻至恋城时，晋军守军居然全部投降。契丹在这些降兵脸上刺青，然后让他们缴械南逃。

转眼到了12月，契丹兵将驻扎在恒州城的杜重威北面行营团团围住。

不出几日，杜重威的粮食就没有了。舟车劳顿已经让杜重威难以接受，没有粮食、没有酒肉的日子简直是噩梦。于是，这个堂堂将军与幕僚开始谋划投降。很快杜重威收到契丹主的回信，信中说契丹主威望较浅，不能统领中原，若晋军投降，契丹可以其为中原之主。

就这样，契丹军长驱直入，后晋亡。

太师出粮计　郭威平叛乱

□ 姚　磊

生逢乱世，郭威深知谨慎为上，出征平叛前他专门向太师冯道求问策略。按照冯道之策，郭威备足粮草，以己之长，攻对手之短，结果叛乱不攻自平。

* * *

公元947年是一个非常热闹的年份，晋被契丹灭，群龙无首，中原大乱。对于手握重兵的刘知远来讲，当然不会臣服于契丹。在他心中，自己是晋主旧臣，有责任聚集力量，光复大业。

于是，刘知远称帝，是为后汉。政权初立，各路节度使均未实际归附之时，刘知远就不幸驾崩了。18岁的少主刘承祐即位后，全仰仗枢密使郭威辅佐。

毕竟少主初立，河东节度使李守贞、凤翔巡检使王景崇、永兴节度使赵思绾三个晋国旧臣先后叛乱。

三人同叛，汉主心中担忧。因为叛乱地点就在凤翔、晋阳，距汴州很近，所以他首先想到的就是名将郭威，遂命其统帅三军，招讨叛乱。

话说这3个节度虽同时起兵，但各怀心思。他们相互猜忌，唯恐自己吃亏，而且他们还缺粮！这些劣势无疑奠定了郭威平叛胜利的基础。

来看郭威。生逢乱世，郭威深知谨慎为上。这不，临行前他专门向太师冯道求问策略："太师，您心怀天下社稷。三贼虽为跳梁小丑，但毕竟是晋国旧臣，且都身经百战、足智多谋。此次出征如何才能凯旋呢？"冯道说："郭将军，您不要担心。此次三贼同叛，虽非蓄谋已久，也在意料之中，因为太祖皇帝纵有安邦定难之才，但毕竟这些边镇节度使不是其心腹，早晚会因猜忌叛乱。"他坚定地看了看郭威，接着说："将军，这3个叛贼没有大碍，您要谨记要点——李守贞自命爱兵如子，将军您只要与士兵同甘共苦，不吝财物，备齐粮草，不致断炊，此叛平矣。"听了冯道一席话，郭威像吃了颗定心丸。

战事拉开，郭威大军先攻克河中西关城，接着直逼李守贞的河中城。

兵临城下，各路将领纷纷向郭威请战攻城。郭威摇摇头说："诸位，大家平叛心切，乃朝廷之幸。李守贞乃前朝宿将，足智多谋，带兵打仗攻无不克，屡立战功。凭我对他的了解，没十成的把握不要轻易进攻，而且现在他守我攻，其城池完好，守备森严。如果现在急攻城池，那是让我们的士兵跳进火坑啊。勇士不论何时都有建功立业的机会，不要只争这一时短长。"郭威是要以己之长，攻对手之短啊！"我们不要急于进攻，因为李守贞也不会贸然出战。我们不如现在筑高栅，做好粮食运输工作，围城坐等一段时间，到时城内粮食耗尽，他李守贞的军队再训练有素也得兵败如山倒。其他两个叛贼是没有多少能力分兵救他的，就是有能力到那时也没那份心了。"听了郭威的讲解，诸位将领心悦诚服，各自回营操练士兵去了。

对于凤翔的王景崇、长安的赵思绾，郭威也是围而不打。王景崇、赵思绾派人向蜀王求救，但蜀军出蜀道也需要粮食，蜀道难，后续粮食不好跟上，所以蜀军也只能是望城兴叹。于是，公元978年12月，拥有粮食最少的王景崇被顺利消灭。第二年4月，河中城粮食耗尽，城中老百姓饿死十之五六，李守贞打算赌一把。结果没有悬念，有粮食的当然打败了没有粮食的，河中叛乱也被平定。5月，长安城中粮尽，赵思绾将妇孺作为军粮供应，每次犒宴士兵，杀人数百，惨不忍睹。

赵思绾最终众叛亲离，长安叛乱被平定。

郭威深深佩服老太师的粮食锦计。

重粮食获天下　废苛政得民心

□ 姚　磊

　　郭威当然晓得粮食对国家的重要性。他上任的头件事就是下令各州、各县废除前朝弊政，特别是废除征粮时"斗余、称耗"的苛政。所谓"斗余、称耗"，即收粮食的时候按照损耗多收一部分粮食以应对不时之需……

＊＊＊

　　公元948年，后汉高祖刘知远壮志未酬身先死，其子刘承祐继位。新主登基不久，郭威便受命以"围而不攻"之策顺利平定河中节度使的三重叛乱。论功行赏之时，刘皇帝大方得很，对各路主将均封官赐爵不说，对郭威更是重重地加封。要说皆大欢喜的结局最圆满，但功绩泛滥难免令人心惶惶。这不，后汉皇室外戚开始争权闹事了！

/ 外戚当道　忠臣被诛 /

　　话说在刘皇帝封赏大会上，获重赏的郭威谦虚不受，他感慨地说："我郭威只是按照君上的要求奋力平乱匡扶大汉天下的，粮草供应、将士军饷皆由后方各位大臣鼎力支持。具体到平乱，更是各路将军齐心协力的结果。此次行赏重赐我一人，实在是不敢当。"皇帝的话可是金口玉言，下过的封赏旨意绝不会因郭威的推辞而改变。就这样，以郭威一人之功，汉主行赏天下。

俗话讲：打天下易，坐天下难。封赏之后，后汉朝纲大臣鞠躬尽瘁，国力渐强，威胁减少，因而新皇帝开始飘飘然，耳根子也渐渐软起来，这给奸臣争权提供了机会。于是，外戚武德使李业、枢密都承旨聂文进等深得汉主宠信，自成一系，与忠臣序列水火不容，结果可想而知：忠臣被诛，朝野上下乌烟瘴气。

公元949年，契丹攻打河北，郭威率军应敌。丧心病狂的李业一班人竟然下令诛杀郭威全家，他们全然不会想到郭威此去镇边所做的是长期准备，所带粮草足够三军长时间征战。

/ 心灰意冷　挥师复仇 /

乍听到家门之难，郭威一下愣住了，大帐内空气仿佛凝固起来。半晌，枢密使魏仁浦走上前说："大将军节哀，您功高名大，现手握兵权，若朝廷中再有小人说辞，您将有口难辩，事已至此，不可坐以待毙。""吾承先帝恩赐，保我汉室江山，平定内乱，匡扶社稷，乃为托孤顾命，当为国家鞠躬尽瘁。现在皇帝身边宵小众多，如果这些小人上位，必然祸乱社稷，我觉得应回京面禀圣上……"郭威对皇帝仍心存侥幸。

翰林赵修己劝阻郭威："大将军，您为何还这样愚忠呢？如今的皇帝已不是当年您和先帝看着长大的皇帝了。朝内宵小把持朝纲，您回去是自投罗网。"这时赵修己看到郭威眼睛里闪过一道光，这眼光里有复仇的怒火，更有一种雄霸之气。他知道郭威已经不再真的愚忠了，他有自己的想法。于是，赵修己坚定地说："大将军，您出征以来，粮草多有储运，所以我们大军驻守无碍。契丹此次前来，主要是秋后杀掠，不会长驱直入。自从大将军平定三路节度使叛乱之后，我军粮食储备充盈，当前主要矛盾是解决内乱，我军就应及时南下，兴师问罪。"郭威接受了大家的建议，不日带兵杀回京师。汉太后对汉主说："郭威乃我大汉家臣，如果不是你当初威逼，你也不至于落得如此地步，我建议给郭威传书一封，看其心志，再做定夺。"汉主不从，挥兵出城，结果身死乱军之中。公元951年，汉太后下诏传位郭威，郭威更改国号为周。

体恤民意　粮安天下

郭威当然晓得粮食对国家的重要性，其上任的头件事就是下令各州、各县废除前朝弊政，特别是废除征粮时"斗余、称耗"的苛政。所谓"斗余、称耗"，也就是收粮食的时候按照损耗多收一部分粮食以应对不时之需。这对保证军粮供应有利，但是对广大民众无益。同时，郭威命令在全国各地开展屯田耕种，让士兵和游民耕种土地。

公元954年，郭威挥师北进，百姓备足食物相迎，许多人还愿追随其北伐晋阳，并助军需。

王朴粮策影响中国300年

□ 姚 磊

据说这次战略讨论中的各种方略都围绕一个主题——粮食。周世宗按照讨论会上王朴的方略统一了长江流域。宋朝的江山也由此而奠基。

* * *

周世宗柴荣的心中有一个宏伟的目标——一统江山。自公元954年开始,他开展了一系列改革:对外,屯田戍边,使契丹不敢跨过胡卢河;对内,肃清盗匪,疏浚河道,修坝固堤。与此同时,他广开言路,求治国拓疆之道。

/ **乱世出贤臣** /

为了招贤纳士,世宗下旨:凡有才能者均可直接向他汇报;若口语表达能力不好者,可直接将要说的话写下来报给他即可。在这些献策者中,比部郎王朴的意见深受周世宗的重视。

王朴受柴荣待见是因为他的话说到了柴荣的心坎上。中原地区分裂多年,各路诸侯各自为战,互相制衡。平定北汉激发了柴荣的王者豪情,他看到了一统江山的希望。随着国力的日益强盛,柴荣一统天下的决心越来越强烈,此时的他迫切需要谋略之人助力打天下。王朴熟读历史,他给了柴荣一个经过千年检验的战略:保证粮食供应,然后各个击破。

在这里,让我们穿越时空,来到周世宗的战略讨论会上。据说这次战略讨论中的各种方略都围绕一个主题——粮食。周世宗按照讨论会上王朴的方略统一了长江流域。宋朝的江山也由此而奠定。

/ 粮策得君心 /

闲话少说，王朴开讲："中国大地，四夷侵害，民不聊生，皆因王道不行，奸邪当道。君上有鸿鹄之志，所以要静观其变，寻道而行才能得天下。"比部郎中按照今天的说法就是筹集军粮、保障后勤的官儿，所以他看问题的角度很实际。王朴接着说："君上，历朝历代建国的将军莫不骁勇善战，军士莫不万众一心，但是所有国家又都衰落，究其缘由，均是无道掠夺与攻伐导致国力衰弱，君暗臣邪，兵骄民困，结党营私，内耗严重，武夫横行，无法无天，不务农事，仓廪偏废，因小致大，积微成著。如果今天取无道之地，逆其道而行之，天下必为大周所拥。"心中虽有鸿鹄之志，但想到各地诸侯并起、群雄逐鹿的现状，柴荣还是一筹莫展。

对此，王朴如此分析："那些诸侯只顾自己的疆土，怠慢了圣贤之人。因此，您就要树立德高望重的形象，吸引高人前来；要去除奢靡缛节，使大周政坛风清气正。到那时群贤毕至，尽用其力，政事既治，财用既充，士民既附，就没有什么能够阻挡您的大业了。"这只是政令层面的问题，要统一天下，大周实力务必要强大。"唐、汉军民看到我国此状，知道其国山川地理的人定愿做我们的向导。唐与我们有2000里的边境线，我们可用小股部队打探其实力，声东击西，让他们疲于奔命。我军势如破竹，江北必得。"听到这里，柴荣心情那个舒畅啊。但是，他不仅仅想要长江以北，他眼中的土地更广阔，他要的是"普天之下，莫非'周'土"。

王朴焉能不知君意？"君上，看到江北只是其中一半的工作。对于我们大周，统一天下要有足够的后勤供应。江南、江北之地乃富足丰饶之地，因此军粮供应皆可解决，这是小安；要君临天下，长治久安，我们的眼光就要向西、向南。彼时有张良入川，流转运输供高祖得天下，其乃大势所为。因此，得江南地区仅为阶段战役，我们的终极目标是顺流而上，夺取蜀国。到时，江南、巴蜀已定，燕地必然望风依附。另一路就要对河东地区进行强攻。高平之战后河东之敌已伤元气，虽定江北、取巴蜀会给河东喘息的机会，但周军能从南方直接调粮，巴蜀之地也可从金牛道出川对河东形成合围之势，至此天下定矣。"瞧瞧这些话说得，柴荣听了能不美滋滋、信心满满吗？

/ 影响300年 /

公元955年5月，周世宗挥师征蜀，后蜀、南唐、北汉联合应对周军。周军进攻不顺，宰相经过分析认为这种情况乃粮食转运不畅所致。粮草为大，宰相建议收兵。此次征讨是一统天下的关键，柴荣当然选择开弓没有回头箭——坚持到底。柴荣的坚持并不是蛮干，他特别选调马步虞侯赵匡胤到前线督军。赵匡胤不仅骁勇善战，谋略有方，更重要的是他深知世宗的战略意图。在他的督导下，周军攻下蜀国，彻底扭转了战局。

于是，大周拉开了攻伐天下的序幕，此粮食方略影响中国300年。

缺粮，李重进勤王复周成泡影

□ 姚 磊

不是所有人都认为赵匡胤应该当这个皇帝。忠武军节度使李重进就旗帜鲜明地反对，并一心勤王复周。勤王复周不是说说而已，那是要动刀动枪的。动刀动枪最要紧的是粮食，而无粮这倒霉事偏偏让可怜的李重进给摊上了……

* * *

周世宗柴荣南征北战，所向披靡，相继收复了瀛州、易州等地，夺回燕云十六州的目标近在眼前。北方统一后，若挥师向南，一统江山，其功堪比秦皇汉武。但是历史总是捉弄人。也许是风餐露宿导致的积劳成疾，也许实在是有人不想让他继续这样英明神武下去，公元959年，柴荣突然一病不起，班师回朝没几天便驾崩归西了。世宗7岁的小儿子郭宗训即位，是为周恭帝。

/ 小校尉"传"天意　赵匡胤黄袍加身 /

就在柴荣征战燕云十六州的时候，契丹也没闲着。他们除了自己直接抵抗周军外，还命令北汉主刘钧自晋阳发兵，策应契丹军，结果因柴荣故去征战一事只得作罢。但是这一行动已经被赵匡胤发现了，因此赵匡胤将军队布置在陈桥驿，而且作好了长期驻扎的准备。不出多日，契丹来犯，而在北部的镇州、定州均告急。当千里加急军报传到汴梁时，各路臣子正准备向新皇帝恭贺新年。于是，新皇帝便将公事、私事一块儿办了。

公元960年的正月初三，恭帝命殿前都点检赵匡胤率兵御敌。接令后，赵匡胤风尘仆仆，飞奔前线。在他的军营里有一个校尉，名叫苗训。此人号称上知天文，下知地理，总有出人意料的见解。话说赵匡胤到了军营，苗训立刻上前对赵匡胤说："主上，今日我见日下还有一日，而且黑光凛凛，此乃吉兆。日下一日，乃告虚日而成实日，您乃天命所归啊。"苗训的话绝对是封建迷信，但是当时很多人相信。苗训这样巴结领导是有理由的——他作过明确的分析：赵匡胤执掌周朝军政6年，与先帝征战沙场，屡建奇功；他不像其他军将只顾自己升官发财，不顾士兵死活，而是相当体恤下属，从不让将士饿肚子，所以威信极高；周恭帝初立，虽对赵匡胤有疑虑，但内外军政要事都要仰仗他，故不敢轻举妄动；跟随赵匡胤南征北战的军士们，都希望赵匡胤成为新主。

但这毕竟是大逆不道的话，窃喜的赵匡胤忙令苗训收声。但在京城，"点检为天子"的话早已传开。

有此天意，赵匡义可等不及了。第二天一早，他便带领诸将士走进赵匡胤的营帐，双目圆睁，宝刀半出，对赵匡胤说："我军诸将无主，愿意建策您为天子。"说着，便把黄袍披在了赵匡胤身上。赵匡胤对诸将领说："你们今天让我代天子位，如我发号施令，你们都听我的吗？"众人跪地齐声说："愿受命于您！""那好，太后、主上、各位朝臣皆为我兄弟，你等到京城不得侵入先帝陵寝，不得侵略府库，如有违抗者，杀无赦。"于是各路人马立即南行，入汴梁逼恭帝禅位，改元更号。因他的驻军在宋州，因此国号为宋。

/ 李重进无粮食　勤王不成折沙场 /

但是，不是所有人都认为赵匡胤应该当这个皇帝，一批忠于周的旧臣拟推翻赵匡胤，勤王复周。其中忠武军节度使李重进就旗帜鲜明地反对赵匡胤。

勤王复周不是说说而已，那是要动刀动枪的。动刀动枪最要紧的是粮食，而无粮这倒霉事偏偏让可怜的李重进给摊上了，怎么办？与南唐关系还不错，向南唐求助吧。于是，李重进向南唐主李煜借粮，谁料沉醉于诗词歌赋中的李后主只想着多一事不如少一事，明哲保身最重要，所以根本就没有打算帮助李重进。他让人给李重进带话："忠武军节度使失意而反，历史上早已有之，而且忠于先主无可厚非，但是现在的时机已过。当初先主禅让时，天下未定，人心惶惶，河东上党作乱，你不在那个时候造反，偏偏在这个时候造反，不合时宜。现在人心已定，今主手握兵权，粮草充盈，人心所向，士气高涨，你还要用手中的乌合之众对抗精兵，只能是以卵击石，一定落败而终。鉴于此时此势，我们是不敢给你资助的。请斟酌。"气归气，李重进仍抱定反宋决心，不日在扬州起事。赵匡胤本想笼络李重进，但是看这情势，只好问军师如何平乱了。军师说得很简单："主上，李重进虽然是前朝忠臣，但在江南多年，手下军士不思军争，难以抗衡我大宋天兵。他也没有与之呼应的兵马及足够的粮食，故只能是守孤城作乱。对这种外绝救援、内少粮食的叛乱，平复易如反掌。"结果，不出一月，李重进乱平。

中国粮油书系第二卷之
粮战演义（中）——第六章

宋辽篇

Diliuzhang
Songliaopian

赵匡胤攻蜀夺粮兵不血刃

□ 姚 磊

江南地区的粮食固然重要,其中更为重要的是蜀地军粮。自从秦时李冰主持修建了都江堰,蜀地沃野千里,凡图霸业如巴蜀不定,则如骨鲠在喉。赵匡胤也不例外。这不,他要攻蜀夺粮了。

* * *

随着赵匡胤的黄袍加身,乱乱糟糟的五代时期终于宣告结束。安定了后方,自然要开展宏图大业。江南地区的粮食固然重要,其中更为重要的是蜀地军粮。自从秦时李冰主持修建了都江堰,蜀地沃野千里,凡图霸业如巴蜀不定,则如骨鲠在喉。赵匡胤也不例外。这不,他要攻蜀夺粮了。

/ 攻蜀夺粮 /

发兵要师出有名。巧得很,后蜀早已知悉赵匡胤南侵计划,准备御敌,谁料此举成了后蜀密谋攻宋的口实。宋家军就这样"名正言顺"地向后蜀开战了。赵匡胤要的是粮食和土地,要的是民心,要的是摧毁后蜀政权,所以他在战前会上反复强调:"各位将士为我大宋讨伐忤逆蜀国,所到之处必有我大宋天兵神威。但各位听好,我们此次征伐蜀地,是推翻其无道昏君,救黎民百姓,因此所有兵将安营扎寨之地,切勿侵扰百姓、烧房毁屋、驱赶当地官吏、挖坟掘冢、砍伐桑树,凡违令者杀无赦。"见有些与自己一起征战四方的将领不明其因，赵匡胤不紧不慢地拿出了一张后蜀地图交给赵匡义，这张地图上标注了后蜀各地的粮仓。"各位将军，本次征伐蜀地，我宋军粮草皆因粮于敌。凡夺城掠寨，切不可损毁不殆；所有粮食必须收集。切勿暴虐百姓！我们的目标是蜀中的土地，有此就可抗衡契丹。"对于具体作战方式，赵匡胤也做了详尽的部署："我军应当沿江而行，途中定过夔州，此地乃天险之一。蜀军在此用浮桥封锁长江，浮桥上设有敌楼，中间还有火炮等守城器具。切不可逆流而上，我军需提前上岸，从岸上左右夹攻即可。"

/ 兵不血刃 /

公元964年，宋军兵分两路攻打蜀国。北路军由忠武军节度使王全斌统领，自陕凤州向蜀军进攻，攻下蜀国兴州城（今天的略阳），俘蜀军7000人，获粮40万斛。蜀军一路退守，但是根本挡不住宋军的凌厉攻势。宋马军都指挥使史延德进攻三泉砦，与蜀将韩保正的3万人相遇。韩保正背靠大山，此地易守难攻。但是宋军刚开始攻城，蜀军便乱作一团，军士各自逃命，结果韩保正和副将们都成了宋军的阶下囚。

三泉砦乃入蜀必经之路，战略险要，扼守交通要道，且存粮3万斛。宋军势不可当，一路杀到嘉川。不过这路将领似乎被胜利冲昏了头脑，完全忘了赵匡胤战前会的叮嘱，大开杀戒。蜀军只能烧断嘉川以南的栈道，迟滞宋军。不过宋军早已有准备，一路人马绕道而行，取南部罗川道；另一路人抢修栈道，直捣蜀中。

东路军由赵匡义领兵，一路也是高歌猛进，在夔州果然遇到激烈抵抗。夔州主将江宁节度使高彦俦对副将说："此次宋军涉险前来，志在必得，因此必然速战速决。我们只要坚壁清野，一定能够打败宋军。"他说对了一半：宋军确实速战速决，但是他的假设是宋军从水路逆流而上，而实际上宋军从陆地上两面夹攻，蜀军只能关城门据守城中。牙将劝高彦俦赶紧撤退，高彦俦说："只可惜我守不住蜀地大门，如果我随你们北撤，就是主上不杀我，我也无颜见蜀中父老啊。"说罢登上瞭台，自焚而亡。

赵匡义入城后，得知守将殉国，遂率领诸将士厚葬高彦俦。一路上，赵匡义谨遵兄长教诲，秋毫无犯，仅以每地府库中蜀锦钱物分发将士作为军饷，对被杀的蜀中大将均礼葬，结果万州、施州、开州、忠州的各路刺史纷纷不战而降。

蜀主看大势已去，遂献国投降。

因粮定都　苦心东流

□ 姚　磊

吴越之地自古是粮食产区。经过多次怀柔政策试探，江南的南唐根本没有投降的意思。敬酒不吃吃罚酒，那就只得刀兵相见了。江南之战前，赵匡胤赴西京洛阳巡视，欲迁都于此。众臣皆因洛阳不利军粮供应而反对迁都，宋太祖安邦定国的苦心付诸东流……

* * *

蜀地既定，后方既稳，赵匡胤的眼光又投到了江南。吴越之地自古是粮食产区。对赵匡胤来说，如果能够兵不血刃拿下江南诸地乃是上善之事。但是经过多次怀柔政策试探，江南的南唐根本没有投降的意思。敬酒不吃吃罚酒，那就只得刀兵相见了。

公元974年，赵匡胤编了一个江南图谋不轨的理由拉开平定江南之战。这场战争，赵匡胤的眼中无非是争夺土地和人口，所以他不急于用兵。在平定蜀中的时候，北路大将王全斌大开杀戒，导致蜀中变乱，差点坏了赵匡胤统一天下的战略。因此，随后的论功行赏中，唯独没有对王全斌进行赏赐。此次江南作战，赵匡胤叫来诸位将领，当面授命："南方征讨之事，全部委托诸位将军。虽然江南地区富庶，毕竟江南地区暑热难耐，务须小心谨慎。诸位将军，江南一战，切勿暴掠百姓，特别是对农区百姓尤不得骚扰施暴。你们必须广施威信，让江南地区的百姓知道我大宋的威武，更知会我乃仁义之国，使其自然归顺我大宋。"说罢，赵匡胤拿出剑匣，将宝剑赐给宣徽南院使曹彬，笑盈盈地说："凡副将之下，胆敢违抗军令者，斩立决，无须请示。"曹彬领命后，便带领都虞候李汉琼自池州向东开进。江南水路较多，于是宋军架浮桥，连克芜湖、当涂两城，后直逼采石矶，不出一月便打败采石矶的2万江南水军。到公元975年年初，曹彬已带领宋军打到了金陵西郊，占领溧水，对金陵形成合围之势。争讨江南的时间之所以选在冬月，一是因冬月天气不至暑热从而导致军队温病流行，二来秋收后各州地粮食充盈可保证兵食，三来冬季四物肃杀无梅雨连日。故宋军准备在冬月与江南军进行决战。

赵匡胤无时无刻不惦记着前线战事。如果决战，必须做足准备，尤其是要有足够的粮食供应自己的军队，以保证当地百姓不被骚扰。曹彬战报传来，赵匡胤命令转运使立即调拨荆州、湖州的粮食运到金陵城下，以鼓舞士气、威慑敌军。因粮草充足，宋军当年就破了金陵城，南唐就此终结。曹彬严格贯彻赵匡胤的命令，命人日夜守卫金陵各府库，凡府库仓廪皆登记造册，同时严查所属兵士，凡有侵略百姓、抢夺财物者，斩立决。毕竟近一年的刀兵相见，百姓缺衣少食，金陵城一片破败。赵匡胤调运来的粮食派上了大用场——用军粮赈济百姓，于是江南诸城皆降宋军。

此次江南之战正式开始之前，还有一个小插曲。公元974年，赵匡胤赴西京洛阳巡视，向群臣提出一个问题："如果现在将都城迁移至洛阳如何呢？"这一说不要紧，反对声不绝于耳。起居郎李符上书："如果定都洛阳，乃有八重不利：一是经济凋敝，二是没有宫阙，三是没有修宗庙，四是各府各衙都在汴州，五是洛阳饥民遍野，六是军队兵源不充盈，七是没有修建壁垒城池，八是冬冷夏热。"铁骑左右厢都指挥使李怀中谏言："东京汴梁有汴渠之利，江南稻谷可以顺流而来，每年万斛军粮转运皆依于此，陛下如果定都洛阳，实在是难以解决军粮供应的问题，这样根基不稳，又怎能稳定我大宋江山呢？"赵匡胤又说："迁都到洛阳及河南诸地，皆于大河之滨。如若江山稳固，不如迁都长安。"赵光义说："陛下，迁都的事情乃天下之大事，需从长计议。江山稳固不在于凭借地势险要，而在以义怀德，这样天下皆会仰慕归顺。"话说到这份上，赵匡胤很无语。

但是赵匡胤的迁都计划绝不是为迁都而迁都，他知道定都开封对于保证江南安定、维持稳定的粮食供应没有什么问题，但大宋真正的敌人是北部的契丹，必须利用契丹内乱夺回燕云十六州，统一中原，兼并江南。未来北方将是主要战场，因此都城选定不仅仅是考量粮食供应问题。不过历史没有按赵匡胤的意思走。

唉！当澶渊之盟签订的时候，大概没有人会想到当年赵匡胤欲意迁都洛阳的一番苦心了吧。

当战略遇上缺粮

□ 姚 磊

赵匡义自恃粮食充盈,轻率北伐,意欲一举攻下幽州,殊不知辽国早有准备,在燕云诸州广储粮草。宋军围攻幽州时,辽军里应外合,将宋军包了饺子。宋军仓皇南逃,涿州行营所储军资悉数归辽。百年宋辽之战由此开始……

* * *

话说赵匡胤主持大宋江山之时,北部契丹耶律璟暴虐嗜杀,不思朝政,整个辽国一盘散沙。直到公元969年,另立新主耶律贤,辽国国势才基本稳定。蛮悍之族就是好斗,国势刚稳便想着欺负宋朝。但此一时彼一时。此时宋朝疆域辽阔,粮食丰裕,赵匡义承接其兄之志,一门心思想收复燕云十六州。契丹那个气啊,没办法,打吧!宋打算收复幽州、蓟州的想法由来已久:周世宗郭荣曾经积极收复幽州,但壮志未酬;赵匡胤继续收复失地,并且在征讨江南和定都问题上,都是以收复燕云各州为出发点,但他五十出头就归西了;赵匡义登基后,依然承接了恢复燕云各州的目标。公元979年,北汉投降后,赵匡义便急慌慌地带领回朝军队自镇州北上攻打幽州、蓟州。

如果说宋军征讨蜀国、江南是为粮食,那么攻打辽国就是为恢复疆土而进行的战略之争了。宋军调兵遣将需要粮食作为后勤保障,而诸路大军汇集北行,赵匡义只考虑战略,粮草准备不足,这成了伐辽的大问题。面对此,殿前都虞候崔翰依然一意主战:"我军刚得胜归来,士气高涨,北上伐辽，恢复燕云，此乃势如破竹，定会破敌制胜。"崔翰的话正合赵匡义所想，他被胜利冲昏了头脑，将粮食问题抛到了九霄云外。

现实很残酷。来看宋军的状态：各路人马汇集约5万人，随军军粮已不多，加上围攻太原已有时日，大家根本没心思再打仗。所以，各路将军均向赵匡义汇报说缺粮！但赵匡义认为少粮食好办，反正我大宋粮食多。赵匡义马上下令调运京东、河北诸州的军储，转运至镇州北面行营，不出数日，便转运妥当。当年6月，赵匡义都统各路人马北上，谁料竟有几路大军没有随行！赵匡义怒发冲冠，要以军法处置，几位都统力劝道："陛下巡幸边陲，本以契丹为攻打目标，今天还未开战，就要军法处置将士。那么攻打契丹，还有人为陛下效力吗？"赵匡义收起了脾气，决定过拒马河，开始攻打涿州。

对于宋朝来讲，北伐乃基本国策，只要准备得当，攻打辽国是早晚的事情，等到自身实力强大，撕破脸皮只需找个借口就行。此次赵匡义带兵攻打契丹，就是自恃粮食充盈，所以轻率北伐，意欲一举攻下幽州。

辽国对宋朝的动向早有准备。虽然清沙河的辽军被宋军打了个措手不及，但是毕竟辽军在燕云诸州经营多年，粮食物资储备较多。宋军围攻幽州，辽军强力反抗，宋军根本没有占到便宜。后辽援军赶到，与城内辽军里应外合，将宋军包了饺子。宋军仓皇南逃，粮食、财宝根本管不了。结果，辽军获得的宋军军储，不可数计。

此仗宋军不仅没有恢复燕云十六州，而且损兵折将，更引发了百年宋辽之战。

宋辽开战绕不开粮食

□ 姚 磊

杨业毕竟是久经沙场的刺史,带兵多年,经验丰富。他说:"辽军仅两日就到我城前,也未见其粮草供给车辆,辽军定是希望速战速决,其目的无非是想因粮于我。所以我们的选择是乘其立足未稳,马上出城,杀他个措手不及。"

* * *

自从幽州被赵匡义围攻之后,辽国新主相当不悦,决定攻宋。也难怪,辽景宗耶律贤励精图治,使辽国政治逐渐清明,军力、国力日益增长。这个不吃亏的军事强国成了大宋的劲敌。

/ 杨业以少胜多 /

虽说幽州之围已解,但是东路毕竟有宋朝重兵把守,难以长驱直入。于是,辽景宗命辽西京大同府的军队进攻并州,以分散宋的军力和注意力。而当时驻守西北边境的宋朝军队不足五万人,代州刺史杨业的守军也仅有几千人。眼看辽军大部队来了,杨业马上向西北节度使潘美求援。潘美认为雁门附近的军力只能迟滞辽军的进攻,不能有效防止辽军长驱直入,所以决定坚守太原,不发一兵一卒。

眼看辽国大军兵临雁门城下,杨业与副将商议:"这辽军长驱直入,来势汹汹。现如今我雁门为孤城,虽然城高池深,但恐难以抗拒辽军攻势。我料定此次辽军必是报幽州被围之仇。"各位副将皆赞同，但是对守城信心不足。

"大家不用惊慌，此次辽军出征，是策应之战，如攻陷我代州，后面还有雁门雄关重兵，故其战术绝不是从西路攻宋。作为边境之城，辽军肯定想拿下，所以我们必须出其不意。"杨业毕竟是久经沙场的刺史，带兵多年，经验丰富。他接着说道："辽军仅两日就到我城前，也未见其粮草供给车辆，辽军定是希望速战速决，其目的无非是想因粮于我。所以我们的选择是乘其立足未稳，马上出城，杀他个措手不及。"战术确定后，杨业让副将守城，自己带领五百精骑，从雁门北口出城，绕到了辽军背后。辽军萧咄李将军已下达攻城命令。突如其来的宋军让辽军士兵四处逃窜，各军路旗帜纷纷倒地。这样一来，主将的旗帜格外显眼。杨业带领骑兵冲过去，斩了辽军主将的首级。辽军溃散，杨业擒获辽都指挥使李重诲，胜利班师。

/ 赵匡义兵败惧辽 /

再看辽国，本来要捞点便宜的西部方面军却开局失利。对此辽主甚怒，遂命北院大王耶律希达驻守大同，东部军队大举进攻。在瓦桥关，一场争夺战惨烈上演。

瓦桥关宋军实力雄厚，赵匡义更是在此亲征。但也不知赵匡义哪根筋出错了，其指挥异常混乱。且看战场之上：当辽军开始进攻时，宋军竟然没有列阵迎敌，而是有的在弯弓射箭，有的在烧火做饭，有的急匆匆逃命去了，还有的愣在原地不知所措。结果是宋军被打得人仰马翻，一败涂地。赵匡义由此对辽心生惧意。

回到京城，赵匡义上朝廷议，依然有不少人建议平定燕云，巩固北方。赵匡义眉头紧皱之时，左拾遗张齐贤上书道："我认为，燕云战事主上不必忧虑。当初我们在忻州捕获契丹纳粟典使，也就是契丹军需后勤部长，得知契丹以其军粮从燕山之后转运到山前，以资北汉。因此可以判定契丹能够自备军粮，且军储丰足。但即便如此，辽军在雁门也被我宋军打得大败，这说明他们军力不济。河东地区刚刚收复，我们应当从大局出发，务农屯田，以实边镇。"其实，宋朝内部一直存在两种声音，一主战，一主和，但这一切都以宋朝的粮食生产为基础。赵匡义将如何选择呢？

宋辽过节深　备战筹粮忙

□ 姚　磊

首次北伐失利后，赵匡义按照大臣们的建议认真屯田戍边，宋辽边境还算安稳。可是宋、辽已结下了梁子，下次战争只是时间问题。这不，为了备战，双方都忙着筹粮呢。

* * *

自首次北伐失利后，赵匡义按照大臣们的建议认真屯田戍边，宋辽边境还算安稳。可是宋、辽已结下了梁子，下次战争只是时间问题。这不，为了备战，双方都忙着筹粮呢。

/ 良机不容错过 /

历史总是捉弄人。辽国皇帝死得早，留下皇后萧绰和年幼的耶律隆绪。宋朝雄州知州贺令图与其父岳州刺史贺怀浦立马向赵匡义汇报："辽国新帝年幼，国事都由其母萧绰定夺，萧绰独宠枢密使韩德让，民愤很大。大宋可利用此机，直取幽州、蓟州。"赵匡义终于找到了再次北伐的理由，更加用心备战。

骑兵部队是与北方契丹作战的基础兵种。早在赵匡胤时代，大宋就开始筹备骑兵部队。公元983年，宋朝在北方边境抓到辽国侦察兵，获知辽国在塞外筑城备战。于是，赵匡义对宰相宋琪等大臣说："辽国在长城外筑城守备，对于我们来说是天大的好事。幽州在平原地区，四周没有山川扼道。到时我军攻下幽州，在北部古北口等关卡设置军寨，只要设置了三五处军寨，就可将契丹挡在燕山以北。"宋琪想了一下说："圣上，古北口一代还有前朝战争留下的军寨城防，只要稍加修缮就可使用。"这时，赵匡义突然想到宰相不能参与军事研讨，如果宰相有内政辅佐职权，又有军事实权，那后果就太严重了。想到此，即使深知宋琪为人谨慎，赵匡义还是对赵琪的提议作罢了。

/ 北伐意已决 /

公元984年，赵匡义平定夏国叛乱后，又将北伐提上议事日程。这次他把眼光放到了高丽。高丽与辽国接壤，三面环海，因此可从海上进兵，然后合兵南北夹击辽国。看来为了北伐，赵匡义想象力还是相当丰富的。但是他的右谏议大夫李至则认为不宜北伐："幽州是辽国的右臂，我大宋王师北伐，辽必全力反击，如圣上要一日攻下幽州，必要按百日粮草准备，不知现在边境的粮草储备是否充足？如果圣上北伐意决，那陛下一定不要离开京城，这样您可运筹帷幄，决胜于千里之外，方是上上之策。"李至的话在做梦都想北伐的赵匡义耳畔犹如风一样飘过，他才不会放过这千载难逢的好时机呢！

/ 萧太后的高招 /

辽国萧太后可不是吃素的，宋国要战，她当然不会坐以待毙。当时在辽国，凡有契丹人杀了汉人，以牛马赔偿即可；汉人杀契丹人，则要斩首且其家人一并为奴。萧太后当政后下令契丹、汉人皆平等，按法律一视同仁，于是境内的汉人对其心悦诚服。

这天，辽国幽州驻守边境主将回报："边境上的宋朝军队已开始布防，宋国边境诸镇也开始储备粮食，同时还有粮食源源不断地从南部运来。"萧太后立即下令边境戒备，命主将休格在边境修筑城墙。休格接令后，更是争取边境的汉人。高粱河之战时，当地的汉人助宋军攻打辽国。宋军败退时，很多当地汉人惧怕辽国报复，弃田南逃，但是宋国并未对这些南逃的汉人有任何安抚。而休格逆其道而行之，招抚汉人，广施救助，恢复田产，助人农桑。于是，很多南逃的汉人又回到北方。这样南逃的汉人带回来南部的信息，辽国也赢得了民心。

战争机器开始运转，宋、辽都在积极准备粮食物资，战争一触即发。

宋琪的粮食经

□ 姚 磊

作为大宋的宰相,宋琪第一要务是保证国人有足够的粮食吃。国家出兵打仗,粮草、军饷的供应、转运等事宜当然更要宰相安排定夺。虽然赵匡义不想让宋琪在打仗这种事情上发表意见,但宋琪深知此时上疏陈策,必得圣心。

* * *

上一篇讲过,作为大宋的宰相,宋琪第一要务是保证国人有足够的粮食吃。国家出兵打仗,粮草、军饷的供应、转运等事宜当然更要宰相安排定夺。虽然赵匡义不想让宋琪在打仗这种事情上发表意见,但宋琪深知此时上疏陈策,必得圣心。

公元985年,赵匡义召集群臣商议讨伐辽国之策。宋琪是蓟州人,对北方的山川地貌十分熟悉,于是连续两次上疏陈述伐辽之策,核心只有一个——保证粮食供应。他的第一道疏曰:"皇上,我大宋天兵秣马厉兵,出征讨伐辽国,士气高涨,燕城必降,此战必胜。如果皇上打算直接北伐,一定会攻打雄州、霸州,不免会在阳城停滞不前。向北而行,路途虽然平坦,但是水路交错,特别是幽州附近,草淀遍地。大军前进,势必粮草先行,而粮草辎重行军速度很慢,过水路更慢。我建议大军从西侧山路前进,这样有山路依托,能够保证粮草供应安全。同时令北进的军队和西路军在易州会师,从安祖寨出山,待兵临燕城,形成南北夹攻之势。这也是当年周世宗攻打燕云十六州时走的故道。"

见赵匡义有赞许之意，宋琪继续说："易水离这里有200多里，沿路都是山脉，山路居高临下。如果辽军前来，距我们20里外时我们就能看到他们。如果用弩机防卫，任凭其放马过来，也不会对我们有任何威胁。安祖寨西北就是桑干河的出山口，若将此口斩断，分兵三五千防卫青白口，防卫新州、妫川，到时使桑干河水灌入不宽的高粱河，将溢出的河水引入郊亭水淀，大水势必弥漫百余里。幽州就在水之南，我们可放心攻打。"但此工程浩大，赵匡义面露难色。宋琪接着说："皇上，北部辽国所占之地，有沙陀、吐谷浑等部，都是些地方割据势力在辽国淫威之下暂时臣服而已。如果大宋讨伐，这些番汉部落定会拥戴。我宋朝物产丰富，到时多给这些部落粮食、财物，定能安抚人心，王师北定指日可待。"打仗毕竟不是纸上谈兵，宋琪的建议虽好，但如何保证大军向北行进不被发现、如何在山路推进的过程中保证粮食供应着实让人头疼，南北两路大军，特别是北部的军队虽能借助山脉得以保全，但毕竟山路漫漫。而几万人的部队开赴前线，马匹、军士粮饷供应可是个天文数字，没有十足的把握，赵匡义不敢轻易决定。

看到赵匡义犹豫，宋琪又二次上疏，这一次他是铁了心要说服赵匡义了："辽国乃契丹种，每次南下攻打我大宋，不过10万人。进入我大宋地界后，下马牵行，见我宋军才上马，而且每次战斗，均设伏兵劫掠我宋军粮道，可见其粮草供应并不充分。我宋军之优势，就是物产丰富，可以保证大军长驱直入。我大宋历来重视北部边境安全，边境屯田军垦已经十多年，凡调兵遣将之前，已开始转运粮草。北部边境驻军上万，军储十分丰富，平时能够保证一个士兵1斗面的供应。可让士兵用背囊装载口粮，马匹每匹驮2斗生谷，每天供应只需1升，可保军士、战马10天不会挨饿。如果我后勤部队尽力运送，且按一个月的军需准备的话，不仅前线部队口粮不会短缺，大军赴前线讨伐逆贼时，粮食供应也不会有问题。"粮食问题解决了，赵匡义心动了，他决定按照宋琪的计策，准备北伐。

赵匡义北伐 萧太后劫粮

□ 姚 磊

辽将耶律休格按照萧太后部署，率骑兵抄后路攻打宋军粮草车队，擒获宋军粮食护送使，缴获牛马、粮食甚多。辽军劫粮胜利并不代表没有危险了。宋将曹彬带领主力部队一路碾压，攻克涿州，杀守将贺淅。难道萧太后的策略不管用吗？

* * *

经过大臣们的一番陈奏，恢复燕云十六州的壮志豪情已经在赵匡义的胸中燃烧起来，而且越烧越旺。经过"深思熟虑"，公元986年，赵匡义下诏讨伐契丹。因为此次军事行动需要出其不意，赵匡义特召集天平军节度使曹彬、侍卫马军都指挥使米信、侍卫步军指挥使田重进和忠武军节度使潘美、云州观察使杨业面授北进的军事要略。

此次北伐契丹的军事部署可谓不错，各路大军如果配合得当，幽州必为囊中之物，将契丹挡在古北口以北不成问题，恢复燕云十六州指日可待。战前会上，赵匡义信心百倍地部署："潘美所辖云中各路忠武将士，得令后立即向应州方向运动，即出雁门的故道，攻打契丹守军；曹彬为中路先锋，率领10万大军由雄州道出，径直向北直捣黄龙，切记不得急兵快进，要将攻打幽州的消息放出去，不得贪图小利、恋战不前。"这个布置和当初宋琪所述攻打幽州方略如出一辙。赵匡义作战方略说得很详细，但有一个事情他没有嘱咐曹彬，那便是粮食问题。

按照宋琪的策略，粮食问题不是主要问题，打仗最重要的是要有出其不意、声东击西的谋略。赵匡义的布置确实立竿见影，一听说曹彬、米信、催彦从雄州出兵，田重进从飞狐口进击，潘美、杨业从雁门开拔，三路大军剑指幽州，辽圣宗耶律隆绪和萧太后快马赶到涿州东北的驰罗口，指挥耶律休格对抗曹彬的进攻。辽国的战术也很明确：先稳住从正面来的宋军主力部队，稳住幽州、涿州防线，同时召集女真部队充实后援，待自己各路兵马到齐之后，再与宋军开战。

这时，辽国的平州驻军已与宋军交手，但辽军铠甲不够，对此圣宗立即要求显州甲坊送铠甲到前线。仗都打起来了却需要从其他防区临时调配军事物资，契丹准备之仓促由此可见。不过准备仓促不是致命的问题，只要战术得当，还是有胜算的。萧太后不愧是一名卓越的军事家："我契丹日日作训，接敌迎战乃家常便饭。宋军势强，我军城池被灭在意料之中。那我们就避其锋芒，弱其势头，迟滞其军，消耗其士气，速遣得力将领带轻骑抄小路，绕宋军背后，截击其粮草车队，到时一鼓作气，将其赶回汴州。"田重进在飞狐口击破辽国边防军的捷报传到赵匡义耳中，赵皇帝好生高兴，命令立即向固安、新城进攻。辽国固安统军使耶律颇德率驻防军队与宋军先锋官李继隆交锋，在固安城南被打败。此时，辽将耶律休格按照萧太后部署，率骑兵抄后路攻打宋军粮草车队，擒获宋军粮食护送使，缴获牛马、粮食甚多。辽军劫粮胜利并不代表没有危险了。且说宋将曹彬带领主力部队一路碾压，攻克涿州，杀守将贺浙。

辽军反击，曹彬遣都将李继宣渡涿水迎战获胜，宋军离幽州越来越近了。

难道萧太后的策略不管用了吗？

轻粮断粮，赵匡义北伐梦断

□ 姚 磊

轻粮埋祸根，宋军确实是没有粮食了！宋之忧便是辽之喜。西部战线稳住，萧太后立即南下，指挥耶律休格南击宋军。宋军兵败如山倒，只有漕运后勤部队在溃逃中向西逃入岐沟关，后进易州城得以保全。

* * *

捷报频传，宋军攻势摧枯拉朽。

侍卫步军指挥使田重进从飞狐口方向向辽国南京进发，不仅生擒辽国飞狐口守将，而且打开了从西部进军的道路。辽圣宗耶律隆绪和萧太后感到的是比上次还要大的军事压力。

/ 轻粮埋祸根 /

辽圣宗听到西部失守的消息后，赐林牙谋鲁姑率领禁军的骁勇善战者，组成精锐部队，南下协助南院大王耶律休格。又派北院枢密使耶律斜轸带领部队西进，防止田重进从飞狐口出关威胁南京。而萧太后最放心不下的是西路战事，于是从驰罗口到幽州北郊，指挥西路作战。

在蔚州，耶律斜轸的部队与田重进的部队开战，田重进部死伤惨重。耶律斜轸稍事后退，田重进占蔚州。此时，当地边民有一心归宋的，夜潜辽营，杀辽军带着首级到宋军请赏。赵匡义听到这个消息龙心大悦，下令：

凡归大宋建功立业者，给予粮食战甲；若生擒辽军军官者，按照擒获的官职大小赐予官爵及奖赏；讨伐幽州后，愿随军南下者给予厚禄，愿就地务农者，免3年农税。赵匡义此话一出，边民应者众多，宋军士气大振。但是，西路大军跋山涉水，粮食带的本就不多，加之一路上硬仗没少打，军需就成了最薄弱的环节。大家不要忘了萧太后对辽圣宗说过的战略：使宋军缺粮少食，就是对宋军最强的战术。

/ 辽军传来好消息 /

南部抵抗曹彬进攻的耶律休格与宋军的先锋李继宣在涿水两岸对阵。李继宣知道后续大军一到，面前的辽军只是螳臂当车，不足为惧。看着对岸的宋军，耶律休格想："我放出的骑兵都是我身边的骁勇健儿，他们在敌后即使没有粮食也能够坚持十天半月，宋军的主力就在对面，其后面和侧翼应该没有太多的军队，派出的骑兵应该能够有所斩获。"耶律休格知道，按照萧太后的战略部署，自己的任务就是稳住南部战线，但是没有前方的消息，不能不让人着急啊。"来人！"一名军校忙走上前，"派5队骑兵，每队5人，分双向向宋军侧后侦进。如有前队消息，立即回报，如遇宋军，不论人多人少，收声绕行。"两天后，两队骑兵回报："大王，南敌已向雄州方向退兵。我军在涿水南50里截杀宋军运粮队，杀其粮队百人，焚其军粮万斛。"另一队报："大王，我南进骑兵隐于草莽，日间不出草莽林间，若遇宋军斥候、采樵者杀，如遇宋军出营探路者截杀。一日截获宋军调粮军牒，我军焚其文书，次日再杀一人，获其携带的调粮军牒，得知其前方部队缺粮。"

/ 战事急转宋军大败 /

宋军确实是没有粮食了！正是当初对粮食的疏忽，使宋本应完胜的战事发生了巨大转折。

这厢曹彬一得知缺粮，便让部队拔营回头到雄州找粮。那厢赵匡义听到曹彬这等因小失大，连连痛骂："哪里有敌人还在面前，就先跑去找吃饭去的道理！"遂下令曹彬立即停止回防。这样一来，宋中间的主力撤退，西面迂回之部便成了孤军深入，结果遭到重创，只得败退飞狐口。

宋之忧便是辽之喜。西部战线稳住，萧太后立即南下，指挥耶律休格南击宋军。辽军一路穷追猛打，本来就没有做好战斗准备的曹彬被打懵了。这也难怪，他刚刚取到了粮食，才开始北进，而南下的辽军则是志在必得。

宋军兵败如山倒，只有漕运后勤部队在溃逃中向西逃入岐沟关，后进易州城得以保全。

坚壁清野　契丹北还

□ 姚　磊

当辽军在北部攻打涿州时，益津关守将郭守文发出了一道特别的命令："除守城部队外，其余人等皆出城烧草，务必将20里内草木皆焚。凡附近20里内百姓，收其粮草，给其银两，让其南下汴州逃命。"

* * *

辽国把宋军打得落花流水，使赵匡义心里十分不悦。云州杨业也战死了，边将更是乏人，今后怎么对付契丹更是成了他的心病。辽国也没闲着，你赵匡义打过来，我们就打过去。公元986年9月，辽国刚刚打完了南京保卫战，便南下攻宋，君子馆一战基本让宋朝精锐损失殆尽。赵匡义设戍边士卒往来巡逻，不再想北伐的事了。

/ 粮草不济　惊醒赵匡义 /

赵匡义虽然不复收回燕云十六州的雄心，但是保家卫国的壮志还是有的。他知道契丹经过前几次胜利之后势必南侵，遂命各地守将坚守城池，不得后退。河北诸地历经战乱，兵员损失严重。赵匡义决定在河北、河南40余州郡中采取"八丁取一"的方式征兵，且对应征人员的年龄放宽。对此，民众苦不堪言。

京东转运使李维清进谏："皇上，征召河南各地义兵，壮我大宋实力实属上策。但河南之地乃我大宋粮食出产要地，人丁吃紧，虽然此地饱经战争蹂躏，各州郡县与契丹不共戴天。如皇上命河南'八丁取一'，则农耕无人，州府军仓将无粮可继啊。"赵匡义没有听李维清的谏言，依然下令征兵。

李维清不能眼睁睁看着大宋江山陷入危机，于是再次上疏力争："皇上，您要征召黄河以南各郡兵丁，我大宋将无人务农，而且此地人民皆务农耕种，不习军镇。征集此地兵丁，不仅有损我大宋军威，而且还会导致粮草不济啊。"听到"粮草不济"这个词，赵匡义醒悟了。他想到前几次兵败契丹都是因为粮食问题，于是放弃了在黄河南岸征兵的念头，转往河北州县征集军队，编制义军，防备契丹南袭。

/ 坚壁清野　契丹中招 /

公元988年，辽军先是在山西入侵代州，然后从涿州方向南下袭扰。辽国北院枢密副使耶律斜轸攻打涿州。宋军不敌，徐水、满城、祁州、新乐陷落。辽军势不可当。

当辽军在北部攻打涿州时，益津关守将郭守文发出了一道特别的命令："除守城部队外，其余人等皆出城烧草，务必将20里内草木皆焚。凡附近20里内百姓，收其粮草，给其银两，让其南下汴州逃命。"

偏将问郭守文："将军，辽军锐不可当，我愿追随将军，与城池同存亡，可我们守城本就凶多吉少，将军为何还要分兵出城烧草移民呢？"副将的一番感慨缓和了郭守文的一脸凝重，他说："契丹此次南下，本意只是进行一场骚扰之战，北部边城守将兵少将寡，而契丹士气高昂，只能变成其口中肥肉。契丹得诸城，势必心骄气傲，而生贪得无厌之心，南下攻打我益津关。我虽有唐河拒契丹，但身后无险可依，唯有死守。而契丹离开幽州到我益津关，必然后勤供应不济，其攻城略地，必屠城夺粮，所以我们首先要将20里内草甸焚烧，使其战马不得草料。而移民南下，我大宋百姓可免受兵祸连累，契丹则得不到粮食充饥，到时我们攻打契丹力战不退，势必能够抵挡其南下。"果然，辽军打倒了益津关，郭守文派2000人出城，被辽国国舅郎君桃委击败。此战后辽军便没有了草料、粮食，斗志锐减。郭守文命全力出击，一举败辽，遏制住了契丹南下的势头。

赵匡义得到捷报，下诏各地务必坚壁清野，以逸待劳。契丹中招，军马无食，粮草无继，结果宋军一举夺回满城，逼迫契丹北还。

黄雀在后，契丹故技重施截粮落败

□ 姚 磊

耶律休格的探马很快发现了这支庞大的运粮车队。"截断宋军的粮食供应，既可让威虏军不战而降，还可因粮御敌，一石二鸟。"耶律休格遂亲自率8万骑兵绕道截击这支万人车队。

* * *

北伐的屡战屡败让赵匡义更加理性。他按照益津关之战的经验，要求各路各寨坚壁清野，不与辽军战斗。但耶律休格可是好战分子，他的野心大着呢。

/ 蚕食 /

公元989年，宋朝的鸡壁寨守将郭荣率领守城将士向契丹投降，这对契丹绝对是大大的福音。因为只要占据一个宋朝边寨，就能够获得边寨粮食，从而确定新的立足点，向下一个边寨施加军事压力。于是，正在疗伤休整的耶律休格果断决定改变战术，利用鸡壁寨，挥兵攻打易州。宋朝边防军驰援易州，耶律休格派出铁林军迎战。铁林军是辽国的一种重骑兵，其士兵、战马皆披挂铁甲，士兵手持长枪铁矛，这简直就是那个时代的坦克。宋军不敌被歼灭，易州陷落。

经过几次恶战，契丹也伤亡严重。在军事讨论会上，耶律休格对手下的将领说："我手中铁林军战斗力强悍，但毕竟是重装骑兵。现在边寨数量增加，如果用重骑兵当轻骑兵巡逻，必将疲于奔命，而宋军还要扩大坚壁清野的范围。若不想法子，我们必将被拴在这几个城寨中。"众将领纷纷提出愿率军出战，耶律休格均不作答。他是如何想的呢？原来，他还是要在粮食上做文章。

/ 黄雀在后 /

转眼到了夏天，耶律休格得知宋军的威房军粮食不济，就准备拔掉这个城寨。这天，宋军的威房军给宋军后勤要求调拨粮食的信被契丹截获。但因送信的不止一人，故赵匡义也知道了契丹的动向。"我威房军危矣。"他立即下令定州都部署李继隆发镇定（今天的正定县）步兵骑兵万余人，组织千余辆车向威房军运粮。

耶律休格的探马很快发现了这支庞大的运粮车队。"截断宋军的粮食供应，既可让威房军不战而降，还可因粮御敌，一石二鸟。"耶律休格遂亲自率8万骑兵绕道截击这万人车队。

耶律休格在南来的路上，与宋军北面缘边都巡检使尹继伦的巡逻骑兵相遇。考虑到自己的骑兵少，尹继伦命部退到丘陵地带坚守。令他奇怪的是，契丹骑兵一路向南疾行，没有丝毫进攻他们的迹象。于是，他与副将商议："这帮契丹人因我人少蔑视我军，他们南行一定有阴谋。如果他们得胜而归，我们必然被他们俘获；如果他们打败了，我们也会遭殃。反正都是一个死，当今之计，我们唯有紧随其后，找机会奋力杀敌。"在尹继伦带领下，宋军士气高涨，一路尾随耶律休格到唐州徐河。尹继伦放出的长探回报："耶律休格已安营，正亲率各路将领南行侦察，并令烧火做饭，天明之前将进攻李继隆的军粮车队。"至此，尹继伦才知耶律休格的动机，于是他果断决定立即进攻。

尹继伦趁夜色杀到契丹营盘时，耶律休格刚刚回到其营帐用餐，尹继伦冲入营帐挥刀将耶律休格砍伤，契丹军队大乱。这时，宋军运粮的镇州副都部署范庭召听到有宋军进攻契丹，立即出兵在曹河歼灭百余契丹追兵。结果契丹北逃，之后契丹对北宋除了进行一些小规模的骚扰外，再也没有大规模进攻北宋。

粮食短缺，西夏游弋于宋辽之间

□ 姚 磊

宋太宗的考虑很明确，李继迁坐大，问题很严重。"夏州之地瀚海700里，粮食生产难度很大。其北邻草原，与游牧部落还有摩擦。故制衡不是问题。西夏若作大，势必向南索要土地、水源，宋朝边关将永无宁日。"

* * *

在宋辽纷争四起之时，北方有一个民族开始走上历史舞台，它便是西夏。根据历史考证，西夏原本是北魏拓跋氏后裔，在唐朝贞观初年归附唐朝，为唐朝戍边，同时被赐姓李。唐末，拓跋思恭因讨黄巢有功，又被赐姓李，叫李继迁。时至宋朝，太宗加封其夏王称号。然而，西夏毕竟在宋、辽两国之间求生存，唯有独立才安全。因此，公元984年，李继迁在地斤泽号召众部团结一致，继承祖先忠勇之志。就这样，西夏慢慢强大起来，逐渐成为宋朝的又一边患。

/ 李继迁做大宋太宗忧虑 /

当年，宋代夏州知州尹宪得知李继迁驻地，趁夜袭李，俘其妻儿，绑其家眷，获牛羊数万。这西夏王也是宋太宗的一块心病。李继迁在西北日益强大后，既不进贡，也不派人来朝，分明是造反的节奏。宋朝本就和辽国打得不可开交，这北方又出现一个强敌，宋太宗心里肯定相当不舒服。

所以，宋太宗就想杀一儆百："来人，给我把贼人李继迁的妻儿家眷推出去斩首示众，让变乱之人悉知我大宋天威，胆敢作乱忤逆者，一律杀无赦。"宋太宗的考虑很明确，李继迁坐大，问题很严重。"夏州之地瀚海700里，粮食生产难度很大。其北邻草原，与游牧部落还有摩擦。故制衡不是问题。西夏若坐大，势必向南索要土地、水源，宋朝边关将永无宁日。"

/ 吕端劝谏挡不住宋夏结怨 /

参知政事吕端认为宋太宗的决定有点草率，他说："皇上，有一个历史典故，当年项羽在乱军之中得汉高祖刘邦之父，欲烹之使刘邦就范，但是刘邦在阵前回答：'如果做好了羹，你也分给我一杯啊。'沛公乃成大事之人，凡此之人，皆不顾亲人，以成大事为目标。如果您这样杀其妻儿，不仅起不到杀一儆百的作用，而且李继迁这种欲强兵立国的人，一定会以此为借口，分兵抗宋，这样必更加坚定他反宋忤逆的意志。如果今天把他的妻儿斩首，以后我们还有可能生擒李继迁吗？"见宋太宗陷入沉思，吕端继续说："酋豪扰边，无非是想聚集部落，称臣坐大，但是毕竟其粮食生产能力有限，游牧放马因天时而动，如果无天时之利，其只会逐渐弱化。臣以为我们设置延州，将李继迁作为延州知州，为我大宋亲臣，我则扣其妻儿，到时招其来见，擒其不迟。"吕端一席话让宋太宗心服口服，他高兴地说："就依照你的意见办。"吕端的劝说救了李继迁妻儿的命，但李继迁并不领情。对他来讲，跟宋朝的梁子算是结下了，而这一结就是200年。

/ 粮食短缺西夏立场模糊 /

公元988年，宋朝和辽国正在大战。虽然西夏决定接受联辽抗宋的约定，虽然宋朝给了李继迁多道加封的谕旨，但是李继迁对双方均没有任何回复，只是继续向辽国纳贡。公元990年，辽国加封李继迁为辽国的夏王。公元995年，李继迁派人觐见宋朝，并奉上良马。

宋、辽均拉拢西夏不足为奇：几次大战后，双方国力空虚，均希望获得第三方支持。那么西夏为何立场模糊，在宋辽之间游弋呢？这还得从粮食生产说起。夏国粮食生产能力有限，虽然它可以将北部牧业作为补充，但黄河河套地区的粮食产量有限，所以不敢有过多的作为，结果还是三国鼎立。这个李继迁还真好斗，屡屡攻略宋朝边境，抢夺粮食，但其毕竟能力有限，宋、夏之间只是小打小闹而已。

  对于向辽国称臣，李继迁也知此不是长久之计。他深知辽国能给予夏国的只是东部和北部的安全，粮食问题还得靠自己解决。所以他的对策就是掠宋城寨，少杀人，多抢粮。当感觉双方之间的冲突深了之时，就派遣使节给宋朝朝贡一下。

  宋朝被辽国搞得身心俱疲，对夏国的小打小闹也就睁只眼闭只眼。但是夏国的好景不长，到了宋真宗的时候，情况就变得复杂了……

夏竦：出米献铜赎罪　讨夏一举两得

□ 姚　磊

见众将赞许，夏竦提出如下建议：除招募勇士、联络羌人、增加弓箭弩手之外，凡是关中有作奸犯科之人，如果不是大罪，允许其出米、献铜赎罪。这样我边关不仅解决了粮草等物资问题，还能减少犯罪，一举两得……

*　*　*

李继迁称王的时候，夏国东有辽国，南有大宋，只能在夹缝中求生存。对于同宋朝的关系，他这样说："我连年用兵于西部，军士已经疲惫不堪。我草创基业，能衣锦缎、食玉食，是因为宋朝能够给予我们帮助，宋朝的恩情是不能忘的。"但是他的儿子，也就是那位在战争中历练出来的勇将——李元昊却不这么想，李元昊认为："我们衣着皮毛，饲养牲畜，这是我们马背上民族的特性。纵横驰骋的英雄才是我们马背民族的骄傲，没有勇武之力，如何称霸草原？身着锦缎不是我们马背民族应该向往的！"

/ 李元昊立国改元 /

宋仁宗景祐元年（公元1034年），夏国杀掠宋朝边境，宋朝边将冒进入埋伏圈，宋军大败。公元1035年，李元昊带领25000人攻打凉州，其实际目的是将西部与宋朝的联系切断，为建立大夏帝国做准备。其部队急攻青唐、安二、宗哥、带星岭诸城，唃厮啰派部将安子罗带领10万吐蕃军队截断了西夏军队的后路，双方在河湟地区激战200多天，最后安子罗兵败，西夏军队也因补给不足，饥饿及冻死者过半。这次的教训对李元昊是深刻的，不过有了夏、银十八州，李元昊就具备了一定的实力，故不再将宋朝放在眼里。

公元1038年，李元昊自立改元，国号大夏，并遣使告知宋。

宋仁宗哪里能够接受一个北部称帝的国家呢？他马上下诏削其官爵，停止互市，并在边境张贴皇榜：如果有人能够献上李元昊首级，立即授予定难节度使。

宋仁宗的肝火李元昊才不管呢，他一心追求自己的帝国梦。公元1039年，李元昊欲利用反间计将金明寨的宋朝守将李士彬除掉。结果那里的副都部署夏元亨识破了他的计策，李元昊只得另图他法。

/ 夏竦的讨夏战略 /

面对李元昊的挑衅，宋仁宗相当重视，他诏陕西安抚使庞籍、知永兴军夏竦等商议讨夏战略。

著作佐郎、通判睦州张方平提出："我大宋自景德年以来，四海和平。但我宋将对所属兵士知之甚少，士兵也久未经战阵，对兵甲之事生疏。而夏贼李元昊带领其族人西征凉州，北控草原，熟知兵事。如果现在贸然出兵攻打夏国，恐怕会有损兵折将的隐患。而且现在贸然出兵也是师出无名，难以决胜。我大宋乃大国天朝，粮草兴盛，对于小国来讲，如果3年不见胜负，国将不国也，不如让李元昊疲于奔命，骚扰其用兵才是制胜之道。"诸大臣不以为然，沉思良久的夏竦提出了自己的见解："诸位，夏国反复无常是有史可查的。特别是自太平兴国以来，我大宋竭尽财力，集中关中人力物力，仍然未能将李继迁剿灭。我真宗皇帝即位，严格治军，严防边关，夏国才未有南进之意。但是自从灵武、银绥陷落以来，夏国假意臣我大宋，实则聚集我宋赐予其财物，日积月累，现在的李元昊已是不可限量了。当年我大宋将领深谙军事，将士无不奋勇杀敌，也只能抑制夏国发展势头，现在我们已不抵当年，所以我军必须加以训练才可应战。李元昊拥有地利优势，我军如果多路分兵攻打必要自备粮草，而自备粮草必然不能打持久战。如果用车辆运载粮食到前线，必经山地险阻，军粮不济势必军心不稳，军心不稳就不可能与之打持久战。若速战，李元昊向北逃窜，避我锋芒；若我军退，他必随我而来，攻我不备。按照李元昊的习惯，他定会白天设伏，晚上骚扰，能打则打，能抢则抢，我军粮草必为其攻打重点。到时我军粮草被烧，后无供应，前有敌兵，恐怕难以活命而归啊。"大家看着夏竦，觉得他说得有点耸人听闻。夏竦接着说："虽然我大宋粮食充足，但没有战略谋划，即使攻入夏境，也无法守住，只能是劳民伤财。与其商讨如何攻打夏国，不如讨论如何保证建立攻打夏国的基础吧。"见众将赞许，夏竦提出如下建议：除招募勇士、联络羌人、增加弓箭弩手之外，"凡是关中有作奸犯科之人，如果不是大罪，允许其出米、献铜赎罪。这样我边关不仅解决了物资粮草问题，还能减少犯罪，一举两得"。

仁宗采用了夏竦的策略，开始做北伐准备。

诗人将军临危受命知延州

□ 姚 磊

一到延州，范仲淹先分析延州存在的问题：一是军队因为错误的部署而导致战斗力低下；二是粮食供应线过长，导致民怨。于是，他一方面改革军事部署，一方面兴建鄜城，将粮食运抵鄜城后，让训练中的部队到鄜城就食。这样减少了粮食运输成本，还能够保证各个城寨之间的联络。同时修建承平、永兴等寨，召集流亡百姓，让他们安心耕种……

***

咱们中华文化讲究"和谐"，或者说"平衡"更贴切。故文人总想尝试舞枪弄棒，而武将则梦想文采飞扬。这让我想起辛弃疾的一首词："醉里挑灯看剑，梦回吹角连营。八百里分麾下炙，五十弦翻塞外声。沙场秋点兵……"或许是因为战争的残酷，或许是因为心怀一种悲悯情怀，范仲淹将这分武将潇洒和文人情怀演绎得淋漓尽致。

/ 临危受命 /

自李元昊称帝、建国号大夏、定都兴庆以来，其与宋朝的外交关系便正式破裂。公元1039年，为逼迫宋朝承认西夏的地位，李元昊率兵进犯北宋边境，于三川口大败宋军，并集兵于延州城，掀起围城之战。鄜延、环庆副都部刘平部在抵抗李元昊的进攻中仅余千人。于是，宋军速立七寨，形成矩阵，力战夏军，结果两寨被夏军突破，损失两员猛将。

消息传至京师，朝野震惊。情急之下，宋仁宗下诏力守潼关，以免北部关陇之地丢失殆尽，并贬黜延州知州，任命韩琦为陕西安抚使。

皇帝心焦的时候什么最重要？当然是人才。立下赫赫战功的韩琦知人善用，国家危难之时，力荐越州知州范仲淹。于是，康定元年（公元1040年）三月，仁宗召范仲淹回京，命其担任天章阁待制、出知永兴军。七月，升其为龙图阁直学士，辅助韩琦开展北部边境的军事筹备工作。

/ 考虑全局 /

范冲淹在我们的印象里是一位忧国忧民的词人，殊不知他是在行伍之中逐渐成为宋朝枢密副使（大致相当于国防部副部长）的。老范不仅精通兵法，而且对军事、政治颇有研究。看到边关局势，范仲淹考虑的是全局战略。他对韩琦说："经过延州之战，边境城寨早已破败不堪，军心涣散。而李元昊胜后，势必重整军务，休养生息，他再次攻来只是时间问题。目前，有一个更加严重的问题，我们必须认真考虑。"韩琦很疑惑："我各路城寨均在修缮准备，未见有延误军机的罪将啊？"范仲淹继续说："现在我们戍边守备，将士们军事安全意识非常到位，城寨累实，粮草及刀枪军械充足。但是，咱们往后看，关中之地虽然粮草丰收，仓房充盈，但进行军事动员和准备的城寨也只是十之一二。如果李元昊发挥其骑兵优势，绕开我们，利用关中之地军防空虚的时机直抵潼关，就会将我们与潼关分割开来。到时我们将腹背受敌，潼关守军也难以知晓我军务，同时我军粮草供应也会被切断，这样一来则人为刀俎我为鱼肉呀。为今之计，应作好边境各城寨的防守，继续增加粮食储备，确保边城各城寨皆为铜墙铁壁。若李元昊真的来了，我们就坚壁清野，不与之大战，让其前进不得，后退不行。只要我们坚持一两年，关中做好了准备，李元昊就接近不了潼关了。"

治理延州

韩琦十分赞同范仲淹的分析，立即上疏朝廷，并接受他的申请让其到最前沿的延州任知州，整理军务。

得令后，范仲淹立刻派兵探明沿路山峦水路，改革军队制度，分部训练，轮流御敌，改建城寨，形成砖石城垒，做好了长期御敌的准备。

一到延州，范仲淹先分析延州存在的问题：一是军队因为错误的部署而导致战斗力低下；二是粮食供应线长，导致民怨。于是，他一改从前按官阶大小出战的顺序，将延州的8万军队分为6支不同的部队，让他们日夜训练，按敌方来人的众寡安排6支军队轮流出战。同时，兴建鄜城，将粮食运抵鄜城后，让训练中的部队到鄜城就食。这样减少了粮食运输成本，还能保证各城寨之间的联络。然后，范仲淹修建承平、永兴等寨，召集流亡百姓，让他们安心耕种。于是，羌、汉各路人民相继回到故地，开始耕作，城寨边防得以恢复。

轻"粮策",宋数万大军仅百人生还

□ 姚 磊

朝廷没有采纳范仲淹的计策就算了,韩琦更犯了一个致命的错误,就是大军出边境后,以城寨的粮食作为大军的补给。边寨安排的毕竟是守备部队,怎么可能有供应大军的粮草?

* * *

话说范仲淹到达延州之后,重整军务,发展耕作,优化军队调度方式,并且在城寨中招募敢死之士,同李元昊拉锯周旋,抓住时机连破了西夏40多个据点。李元昊知道自己遇到劲敌了,于是调整战术,转攻三川寨。

/ 宋仁宗莽撞决定北伐 /

范仲淹的小胜激起了宋仁宗的雄心壮志,他再次召集朝臣商议。

主战者看到的是希望,主张趁转败为胜之机一路打到兴庆府;理性者认为"我军深入敌境,争一时之短长,乃兵家大忌";求和者则说:"大宋天兵威严仁义,何不就此罢兵求和?"几方各执一词,深知李元昊的大臣夏竦上疏道:"边境虽有小胜,也是初稳,补充给边境的军士以新兵为主,需对其多加训练。故我军当自保持重,切不可大举北进。"宋仁宗被胜利冲昏了头脑,这次他没听进去夏竦的话,决定进攻为主。也难怪,他咽不下这口气啊。

范仲淹出"粮策"以逸待劳

接到宋军挥师北进的计划,范仲淹当即上疏:"今闻王师拟正月出兵,讨逆贼,诛乱党,乃是国之大幸。但正月出兵,军马粮草动辄数以万计,且塞外风雪必挫伤我大宋兵威,还会给国家带来巨大的财政负担。臣与敌对阵多日,熟悉边境军务,有一策可保万全。"范仲淹知道君无戏言,只得在不违皇命的前提下提出对策了。

"冬季边境粮草不济,若大军行至塞上,粮草运输定难以为继,必会给夏兵可乘之机。现在,臣在鄜延等州布置城寨,组成了边境防守体系。冬季李元昊若大举进攻,定让他有来无回。不如待到春季,夏军经过冬天漫长的等待,人马疲惫,我们进攻一定能够取得胜利;春季,我大宋农作物正苗壮禾青,夏国则刚刚开始耕种,我们派兵骚扰其耕作,必让其难有向我进攻的粮食储备。同时,我们还要积极开展对当地番邦部落的招抚工作。如果怀柔之策成效达不到预期目的,我们再发兵北伐也不迟。夏军能征善战,来去无影,我大军出边境难以求得决战,不如继续安置边城,组织士兵屯田耕作。这样一来,鄜延一带的番汉平民都将依附我大宋,李元昊就失去了进攻的一条路径,不出时日,定能平定西夏贼患。"

致命的错误

宋仁宗还在犹豫,他太想拿下李元昊了。一念之间,便命环庆副都部署任福带领大军向北进发了。

韩琦也是主战派,他对任福说:你尽管向北进发,出我边境之后,自怀远向德胜寨运动,那里粮草充足,沿路只要见到西夏军队,杀无赦!朝廷没有采纳范仲淹的计策就算了,韩琦更犯了一个致命的错误,就是大军出边境后,以城寨的粮食作为大军的补给。边寨安排的毕竟是守备部队,怎么可能有供应大军的粮草?要知道北部边境山高壑深,这对于粮食运输来说无疑是一场噩梦。李元昊早已知悉了宋朝的这次进攻,只待任福的军队出六盘山,人马困乏、粮食不济的时候,他就对宋军四面夹攻。结果是任福战死,数万人的部队仅有百人逃回宋境。

抗西夏，范仲淹再献粮策

□ 姚 磊

宋军损失惨重。伤心纠结之时，宋朝皇帝再将范仲淹召回问计。军事战争分为多种形式，范仲淹提出的以粮食屯田为支撑的特种经济战，的确是一种不错的选择。

* * *

范仲淹有帅才，能够远观战局发展，但是招架不住求功心切的将军们。聪明的李元昊看出了范仲淹的坚守蚕食之策，所以凡是来攻打西夏的宋军，只要不是范仲淹的部队，一律采取"引狼入室，瓮中捉鳖"的战术，结果宋军损失惨重。伤心纠结之时，宋朝皇帝再将范仲淹召回问计。

/ 皇帝焦急问计范仲淹 /

在边境争夺战中，当地羌人不愿意卷入战火。只要政策得当，争取到这些羌人，不仅能够左右战局，而且能够扩大群众基础。可悲的是大部分边将不知运用怀柔政策，徒增敌人。范仲淹深知民心所向决定胜败，所以在延州治军的时候，依据皇帝的诏书，犒赏当地羌人：在李元昊打来的时候，让羌人进入城寨中，防止兵祸涂炭，且战争期间的粮食供应全部由宋军负责，战后还让这些避难的羌人回到故地耕种。所以，这次面圣范仲淹胸有成竹。

一到金銮殿,皇帝便问范仲淹:"爱卿啊,我大宋边境狼烟四起,与西夏交战虽互有输赢,但是好水川一战,我军损失严重,损兵折将,助长逆贼气焰。朕想听听你怎么看现在的边境问题,有何良策能保我大宋北部边境长治久安?"是啊,毕竟宋军大败事关重大,皇帝问计单刀直入。

/ 战事核心——粮食 /

见皇帝焦急,范仲淹也就直述自己的计策:目前战事核心只有一个——粮食;国家长治久安之策需要以一个系统的视角看待问题,同时要抓关键点,即鄜州、延州和渭州,因为这3个城池如3个节点,相互呼应,向北能够作为进攻起点,守能够相互支撑,保证西夏不会到达潼关。

他建议增加上述三地的军队,每个州增加2万~3万人为宜。"待春天和秋天西夏大举进攻之时,我们就有万全之策御敌。如果在敌集中军队准备进攻之前立即发兵,抄略其边境,打散其军队,边境就安全了。对于增加的军队,应当招募当地羌人,建立编制,荡平当地与敌人通信的部落,愿归附我大宋的,则与其进行粮食、青盐交易,从经济领域扩大大宋的影响力。夏天来临时,让我军轮流到边境牧草,同时侦察西夏动向,通过不断的轮换,减少军队的粮食供应,提高我军在边境实际巡逻队的数量,如果遇到西夏军队,可第一时间将其剿灭。按照这个方案,则西北各羌人部落将归顺于我大宋,从而有力地震慑西夏。"

/ 戍边良策——屯田 /

范仲淹专门分析了戍边策略:"延安之西,庆州东面,有西夏占领的百余里地盘,我们的金汤、白豹、后桥3个城寨均在其中。这样我宋军兵力不接,是为兵家大忌。我认为可在延西、庆州之间设置军寨。如果西部有军务,立即支援;如果东部出现问题,也可立即奔袭互保;如果中间的驻军出现紧急情况,则东西两边的驻军都前往支援。建议安排3万步兵、5000骑兵立即加固筑城,守卫这个据点。到时西夏的小规模骚扰部队就可以被直接歼灭;如果其大规模进攻,我们就坚壁清野。至于这35000人的军粮问题，可通过屯田军垦予以解决。

　　同时还可以移民到军寨南部，这样不仅可以协助屯田，还可以让军士安心戍边。待城镇稳固之后，我们再向北蚕食，稳扎稳打，不出5年，定能解决西部边境危机。延州、庆州之间的土地肥沃，因此不愁粮食生产，屯田时间越久，则边境越安全。"军事战争分为多种形式，这种以粮食屯田为支撑的特种经济战，也是一种不错的选择。

梁太后以粮御敌再战大宋

□ 姚 磊

年轻气盛的宋神宗一登基便亮剑西夏。宋军大兵压境之时,梁太后心头犹如压了一块大石头。的确,军事应对能够应付一时,但是歼敌一千自损八百也是当时的西夏承受不住的。她需要的是一个万全计策,而且是能够以少胜多的计策……

* * *

屡屡战败,让宋朝国力大伤。此时,宰相王安石力排众议推出变法。这如一股清风吹来,使大宋政治、经济面貌焕然一新,再加上巩固了国防、抚恤了将士,人们似乎看到了国家富强的希望。有道是变革之路从来没有一帆风顺,王安石变法也是如此,而且此次变法遇到的阻力不是一般的强大:司马光、韩琦等一帮老臣全力阻挠!结果,变法搁置,宋朝国力再次衰微。不过变法终究还是有一定成果,宋朝的军事实力已与从前大不一样,这让即位的宋神宗有了一雪前耻、做强大宋的念想。

/ 宋神宗亮剑西夏 /

想当年,李元昊的雄兵独步西北,无人可敌;其子李谅祚拓土征战,所向披靡。西夏在这对强悍父子的经营下雄霸西北。不过历史总是喜欢和人开玩笑,强悍的李谅祚的接班人李秉常,却超乎寻常地优柔寡断。天意如此，李元昊父子地下有知，也只能干着急。再说宋神宗，打小就听着宋军与西夏、辽国征战的故事长大，个性中充满着英雄主义。这不，年轻气盛的他刚一登上皇位，就要向西夏亮剑。

公元1081年，宋神宗秘诏文州刺史种谔、鄜延路经略安抚使沈括商议出兵西夏的策略。这个沈括不是别人，正是《梦溪笔谈》的作者，他这个官职范仲淹也当过。瞧瞧，宋朝的将领们不是词人就是科学家，确实厉害啊。

言归正传。话说沈括和种谔一到都城，宋神宗立即接见。行伍出身的种谔久经战阵，主张用轻骑兵，以迅雷不及掩耳之势集中优势兵力袭击西夏，用这种速战速决的方式，能保证粮食供应不出问题。宋神宗正在兴头上，他心里可是希望打一场大仗啊！按照他的思路，这次军事行动规模非常大，后勤准备必从长计议。圣意已决，那就准备呗。

转眼到了六月，宋神宗认为粮食、军械准备得差不多了，于是就再召种谔，命他以延路安抚副使的名义，集结军队。种谔信心百倍地说："秉常乃一羸弱皇帝，不足以抵御我大宋天兵，现在我们已经准备足够军粮，臣愿意提他手臂回来复命。"种谔如此一番豪言壮语，说得宋神宗心花怒放。

种谔到延州、庆州招兵买马，做出征前的最后准备。

/ 梁太后再用粮策 /

一个月过去，宋军庆州知州俞充军报："据密报，夏将李清本是大宋秦川人，秉常曾拟将黄河以南地区让给大宋，并称臣。其母梁氏知道后，诛杀李清，幽禁秉常。此时发兵攻夏时机最佳。"于是，宋军兵分五路向西夏进攻。大兵压境，夏人震惊。西夏朝堂上，梁太后环视幕僚将领，仔细听取各路将领高见。梁氏本是汉人，嫁到西夏之后成为谅祚的皇后，以血腥手段将大权牢握，而且重用外戚，如西夏各路军政要职均为梁氏娘家人。在梁太后的威慑下，西夏各路青年将领无不义愤填膺，一致主张与宋军对阵大战，将宋军消灭在黄河北岸。

此起彼伏的请战声中，一位老人的声音格外浑厚："吾主莫慌，宋军前来无须军事应对，我有良策不损大夏一兵一卒即可完胜。"梁太后紧锁的眉头一下子舒展开来，她示意老者细讲。"吾主，后撤我南部哨卡，引宋军入我夏境，越深越好，我军坚壁清野即可。宋军深入后，我军集中优势兵力，将铁鹞子、重甲兵都集中到灵州、夏州，再派遣轻骑兵抄略宋军的粮草输送部队。宋军无食，可不战而困。"这个建议可说到梁太后心里去了，她马上下令："诸将听令，收集粮食，弃守黄河沿岸哨卡，除守兴庆府近卫部队外，军队全部集中到夏州一带，准备迎敌。"这样，历史再一次被粮食改写。

当纸上谈兵遇上粮运不济

□ 姚 磊

按照宋神宗的军事计划,5路大军分东路、中路、西路直逼兴庆府。同时,此次号称大决战的战役,从人马军械到粮草后勤,宋神宗都倾力准备,而且亲自入枢密院指挥。理想很丰满,现实很骨感。宋神宗这样无懈可击的部署放到西夏境内的战场上,一下就不灵了……

* * *

我国的成语博大精深,用一个"纸上谈兵"的成语来形容宋神宗出兵西夏的军事部署再合适不过。

话说宋朝以梁太后幽禁夏王为由,兵分5路,杀向兴庆府。按照宋神宗的军事计划,5路大军分东路、中路、西路直逼兴庆府。同时,此次号称大决战的战役,从人马军械到粮草后勤,宋神宗都倾力准备,而且亲自入枢密院指挥。理想很丰满,现实很骨感。宋神宗这样无懈可击的部署放到西夏境内的战场上,一下就不灵了——只因运粮难。

/ 将在外君命有所不受 /

宋西路军主帅种谔在米脂寨大败夏军进攻;宋东路军抵达女遮谷,泾原兵团进至磨脐隘,将西夏守军击败;宋环庆兵团则将梁太后胞弟击败。至此,宋军长驱直入,捷报频传,宋神宗很高兴,不过他的头脑还是冷静的，他告诫种谔："切记要稳扎稳打，切不可盲目独进。"将在外君命有所不受，种谔一路高歌猛进，希望赶紧与夏军交手。

而泾原路经略使王中正率领的这一路宋军就没什么仗可打。为什么呢？王中正是个宦官，皇帝安排他走中路，是想让自己的御前红人增加点威望，所以每次进攻都是种谔先锋冲击，他跟进。

王中正领会不了宋神宗的苦心啊，他是怎么想的呢？他以为夏军怕了他，还动起了歪心思。

这天，有士兵说："我们这路大军出边境已10多天了，才斩杀30多名夏军。现在我们军粮已不足，附近有宥州，守军应很少，不如前往攻之。"因为王中正轻敌，加之其部粮食带得少，所以听此言后马上就同意了。

到了宥州，他们杀城中五百余人，获牛马五六百，全然不顾杀良冒功之罪。

/ 宋军粮运不济 /

沿边安抚副使高遵裕和宦官李宪收复会州，甘肃重新纳入宋朝版图。但是高遵裕走的路干旱无粮，其转运副使李察本想用驴运粮节省人力，结果毛驴累得不走了，致使道路阻塞，粮运不济。泾原副都总管刘昌祚一直行伍戍边，深知军队战斗力最重要。战斗力来自哪里？填饱肚子最关键。"当初我们出宋境的时候，转运司应按圣命备一月粮食，可我们向北进攻已18天了，粮食供应还没跟上，问题很严重啊！听说鸣沙山那边有夏军的粮食，下一战应在灵州，我们应先解决粮草问题。"刘昌祚说。按照原来的作战计划，刘昌祚应与高遵裕配合，但高遵裕没跟上部队，刘昌祚只得孤军深入。刘昌祚进鸣沙川，取夏军地窖存粮后，带兵至灵州城，几乎就要攻入城内时，高遵裕遣使快马报遇夏军，情形危急。

刘昌祚马上前往救援，虽然夏军被打败，但是宋军暴露了一个重要信息——粮食不够用了。

两败俱伤

宋军5路大军粮草不济，情势危如累卵。灵州城高3丈，环以黄河水，全城城防器械完备。高遵裕缺乏攻城器具，攻城不下，就把责任推到刘昌祚身上，要斩刘昌祚。刘昌祚深得泾原军团上下拥戴。听闻要斩刘昌祚，兵团群情激奋，高遵裕怕激起兵变，只好不了了之，但刘昌祚却忧愤成疾。围城战中宋军毫无进展，粮食一天比一天少，士兵们纷纷逃亡。天气转冷，严寒大风下的宋军再无法坚持。大将种珍派出的侦察部队发现，西夏人有掘开黄河渠道水灌宋军的迹象，因此他建议高遵裕立刻撤军，否则全军势将浸崩。虽然宋朝规定擅自撤军者斩，高遵裕还是决定马上撤离。但为时已晚，西夏军已经掘开七级渠。作为殿后部队，刘昌祚挡住了西夏一次次的进攻。

但是，西夏军队集中优势兵力，对粮草已断的宋军进行围攻，结果宋军死伤惨重。

宋神宗听闻前线退兵，马上命令已经返回的王中正的河东军团再次出击接应高遵裕，但王中正被塞外的血腥吓怕了，躲在家里不肯出兵。结果，在泾原、环庆两军抵达韦州的时候宋军纷纷抢着进寨，发生混乱。西夏军给予宋军最后一击，宋军又是死伤惨重。

至此，宋神宗信心百倍发起的大决战以双方都损失惨重而告终。

截粮道骗王渊　萧干迎战妙计连连

□ 姚　磊

萧干的眉头舒展了，他马上派兵截断刘延庆的运粮道路，生擒护粮将军王渊。萧干很聪明，想了一条退兵之计。他用布将王渊的眼睛遮住，并在营帐中说："我辽军3倍于宋军，明天从左右夹攻，以精兵冲其营门，定将宋军灭在我辽境。"说完便将王渊放了……

* * *

萧干的眉头舒展了，他马上派兵截断刘延庆的运粮道路，生擒护粮将军王渊。萧干很聪明，想了一条退兵之计。他用布将王渊的眼睛遮住，并在营帐中说："我辽军3倍于宋军，明天从左右夹攻，以精兵冲其营门，定将宋军灭在我辽境。"说完便命令将王渊放了……

公元1122年3月，在金兵的进攻下，天祚帝逃奔夹山，耶律淳留守南京，改元建福，史称北辽。耶律淳改怨军（辽军队）为常胜军，因军队首领"药师年少壮，貌颇伟岸，而沈毅果敢，以威武御众，人多附之"。而北枢密使萧干在天祚帝北逃之后，掌握了南部实权。

/ 刘延庆我行我素 /

作为契丹郡主，萧后和萧干等人唯恐汉人叛变，尤其是唯恐在契丹麾下的常胜军发生兵变。郭药师察觉了萧干的行动，急召所部将士，鼓动他们投宋。结果"万口喧呼，无不响应，遂囚监军萧余庆等，乃遣团练使赵鹤寿率精兵八千、铁骑五百,一州四县奉使来降"。郭药师降宋，使北辽失去了一支重要武装。宋徽宗还是很爱惜人才的，他升郭药师为都管押常胜军、涿州留守。

也许是当年赵匡义北伐事迹激励的缘故，宋徽宗毅然决定联合女真攻打辽国。当年4月，宋以太师领枢密院事童贯为陕西、河东、河北路宣抚使，率兵10万进攻北辽。10月8日，童贯派遣先锋刘延庆带领10万人马从雄州出兵，以郭药师为向导，横渡白沟。但是刘延庆的军队军纪涣散，行军没有章法，郭药师好心对刘延庆说："将军，我大军今日开拔前不设斥候探报，左右两厢也无预备人马，后更无后备协防，首尾无接，前后不防，此乃兵家大忌。如果敌人路上设伏进击，我们将毫无还手之力。"刘延庆是皇帝身边的红人，当然不愿意听这个大老粗的意见，依旧我行我素。郭药师只是一个军师，纵有万般想法，此刻也只有无奈的份儿。

/ 郭药师回天无力 /

宋军到达良乡，进入辽国控制范围，辽国北枢密使萧干率兵迎战。

刘延庆战败，带着士兵躲在营寨中坚壁不出。郭药师毕竟久经沙场，稍一分析就判断出了辽军的基本情况，他马上向刘延庆汇报："将军，按照我的判断，萧干能够指挥的军队不会超过万人，今天我们见到的应该是他全部家底。此时燕京一定空虚，我愿率领5000骑兵攻打燕京，这样就能出其不意攻其无备，燕京唾手可得。"求胜心切的刘延庆同意了郭药师的意见，派大将高世宣、杨可世一起，率领6000兵马，夜渡卢沟，迅速向燕京进攻。第二天天刚亮，郭药师带领的军队就到了燕京迎春门前。

果然，辽国大军基本都去打刘延庆了。郭药师将军队驻扎在城南外的悯忠寺内，然后要求萧后投降。萧后密报萧干，萧干分3000兵马杀回燕京，与郭药师的部队进行巷战。本来除了高世宣、杨可世的人马外，还有刘延庆的儿子刘世光带兵来进攻，结果刘世光没有如约而至，郭药师遭遇辽军前后夹击，损失过半。

萧干妙计连连

战争胜负总是在瞬间逆转。刘延庆在卢沟南部安营,准备稳扎稳打。萧干本来兵马就少,加上宋军来势汹汹,所以他更加着急。他知道要想以少胜多,必须找到宋军的软肋。宋军的软肋还真叫萧干给找着了:宋军人多,人多吃饭就多,而进入辽国边境以来,刘延庆并未四处抄略,所以其粮草定难充足。想到此,萧干断定刘延庆必是依靠粮草后援支撑其前方作战,如截断其粮草供应,必动摇其军心,辽军必能反败为胜。

萧干的眉头舒展了,他马上派兵截断刘延庆运粮道路,生擒护粮将军王渊。萧干很聪明,想了一条退兵之计。他用布将王渊的眼睛遮住,并在营帐中说:"我辽军3倍于宋军,明天从左右夹攻,以精兵冲其营门,定将宋军灭在我辽境。"说完便将王渊放了。

王渊回到宋营,将萧干的话一五一十地告诉了刘延庆。手里没了粮食,进攻的先锋部队吃了败仗,再听到王渊带回的消息,早就想撤退的刘延庆恨不得马上逃离。

天还未亮,辽军就点起火把。刘延庆以为辽军真的杀来了,下令急撤,结果宋军人马践踏乱作一团。萧干不费一兵一卒,就将宋军打败了。

"胡公大帝"的粮食情缘

□ 朱晓平

因为运送军粮的原因，胡则由太宗皇帝钦定为朝廷的后备干部。史书记载他为官40多年，历经"太宗、仁宗、真宗三朝，十握州符，六持使节"，且以清正廉洁、勤政为民著称于世。老百姓称颂其为"胡公大帝"，把他塑造成了心目中的神明。

* * *

在浙江金华市永康市（县级市）的东部，有一处叫方岩的风景名胜区。景区内峰险石怪，瀑美洞奇，丹霞地貌发育非常完美，兼擅山石、林壑之胜。作家郁达夫在他的游记里曾经写道："从前看中国画里的奇岩绝壁，皴法皱迭，苍劲雄伟到不可思议的地步，现在到了方岩，向各山略一举目，才知道南宋北派的画山点石，都还有未到之处。"苏南、上海、浙江全境，慕名来方岩的游客，年年不可胜数。这当中，既有大自然的爱好者，但估计更多的是游人，他们中的不少人应该是向"胡公大帝"顶礼膜拜来了。据说这位"胡公大帝""有求无不应，有祷无不签"，比神和佛都更加灵验，所以千百年来香火长盛不衰，深受百姓的爱戴，甚至在浙东金华一带形成了绚丽多彩的胡公文化。那么，这位"胡公大帝"到底是什么样的人物呢？

/ 缘起粮食皇上赏识 /

其实"胡公大帝"既不是神,也不是佛,而是人,是北宋婺州(今金华)永康人,原名胡厕,27岁时中北宋端拱二年(公元989年)进士。及第时不知什么原因,宋太宗赵炅御笔一挥,将上边的"厂"字削去,"厕"成了"则"。皇帝圣旨一出,此后胡厕就改名为胡则。《宋史·胡则传》说他"果敢有才气。以进士起家,补许田县尉。"

胡则(公元963~1039年)于至道二年(公元996年)调任宪州录事参军。到任不久,就碰到了一桩粮食供应的大事和难事,这一事关国家安危的军粮供应的重任就落到他的身上。北宋王朝当时正在灵、夏一带与西夏激战,后勤粮草告急,"转运使索湘命则部送刍粮,为一月计"。胡则接到命令,认为不妥:"为百日备,尚恐不支,奈何为一月邪?"但军需给养耽误不得,索湘虽然也感到时间太紧,一个月粮草难以送达,但他既怕延误军国大事,又恐朝廷责怪治罪,对此一筹莫展,最后就耍了个滑头:你说时间来不及,我也没有办法,只有你自己去面奏圣上了。

没想到小鬼难缠,大王好见。一见面,皇帝就对敢于实事求是陈述己见的胡则有了几分好感。不知是有意考察还是真心讨教,高兴之余,宋太宗还与胡则商讨起了国家边患的对策。机遇一定是青睐于有心之人的。远交近攻,合纵连横,胡则平时对北方边境形势早有研究,也很有一些自己的看法和对策。一番侃侃而谈,审时度势,非常符合宋太宗的思路。宋太宗当场就对左右的官员说:"州县岂乏人?"而且还命令把胡则的姓名送到中书省备案。胡则为顶头上司化解了一场政治危机,令索湘非常感动,也为自己的仕途增添了一枚砝码。后来李继隆继续向后方催促粮草:"兵且深入,粮有继乎?"胡则就向索湘建议:"彼师老将归,欲以粮乏为辞耳,姑以有余报之。"粮草匮乏是借口,想要退兵还师才是李继隆的真实意图。后来的事实证明,还正被胡则说中了。

奏免衢、婺两州身丁钱

因为运送军粮的原因，胡则由太宗皇帝钦定为了朝廷的后备干部。史书记载他为官四十多年，历经"太宗、仁宗、真宗三朝，十握州符，六持使节"，且以清正廉洁、勤政为民而著称于世。而从浙江人的角度来看，胡则对家乡最大的贡献，则是他犯颜直谏蠲免了衢州、婺州两地的身丁钱。

身丁钱也叫作身丁税、身丁米等，是封建时代政府向成年男子征收的一种赋税，凡二十岁到六十岁的男子都需交纳。因为交纳时有钱或者实物的区别，所以名称不同，但实际上就是人头税。在免除衢、婺两州税额近一百年后，到南宋建炎三年（公元1129年），两浙的身丁钱每年还仍高达绢二十四万匹、绵一百万两、钱二十万缗。当时生产力极为低下，对于地方来说，这应该是一巨大的负担了。古籍记载："两浙税丁之重，至有生子不举，长不裹头者。"生了儿子不去报户口，长大后不敢裹成人装束的头巾，百姓对于身丁钱的惧怕，由此可见一斑。再加上北宋战事频仍，税源稀缺，财政紧张，所以胡则奏免两州身丁钱，当是需要非凡的政治勇气和人格担当的。

但胡则做了。他小心翼翼，伺机而动，利用"明道元年（公元1032年）江淮大旱，饿死者众"的契机，上疏奏免衢州、婺州的身丁钱。胡则也没敢狮子大开口，奏折中仅仅要求免税，甚至有意模糊了时间概念。估计胡则在朝廷中的政绩官声俱佳，皇上对他也印象不错，最后的批复，竟是"诏许永免衢、婺两州身丁钱"。胡则连忙与朝廷互动，撰写了《奏免衢婺身丁钱》一诗：

  六十年来见弊由，仰蒙龙敕降南州。
  丁钱永免无拘束，庙米常宜有限收。
  青嶂瀑泉呼万岁，碧天星月照千秋。
  臣今未恨生身晚，长喜王民绍见休。

胡则政治上老到成熟，投桃报李。毕竟税不交了，恭维感恩的话总要说两句的，这既是为百姓也是为自己，反正拍马屁不要钱也不上税，尽量把事情做得圆满一些岂不更好？

由人成神成为"胡公大帝"

胡则是婺州有史以来第一个取得进士功名的读书人，入仕后辗转多地为官，最后在兵部侍郎职位上告老还乡。胡则在任上，经常干一些有利于百姓的"呆事情"。宋仁宗天圣三年（公元1025年），中央下令收回福州千余顷早已授权民耕的官庄田，然后标价出售。对此，佃户反对强烈，意见很大。胡则不计个人安危，毅然连上三道奏折，一一陈述官庄佃农疾苦，婉转提出鬻田索钱及与民争利的不妥，条分缕析，鞭辟入里，最后终于打动朝廷收回成命，保护了佃农的利益，维护了一方平安。

做官做到胡则这样的境界，应该算是相当成功了。宋室南渡后，南宋王朝给胡则追加了许多封号，名目繁杂难记，而老百姓则简而化之，称颂他为"胡公大帝"，把胡则塑造成了心目中的神明。中国几千年封建王朝，官吏繁若星河，但如胡则那样能够得到"大帝"称号的，却寥若晨星，而且这封号还来自于民间，来自于后世。胡则死后，"浙东千里，几无一邑一乡无公庙，则公之能使桑梓远灾害，蒙芘覆，亦彰彰可信矣"。千百年来，永康方岩山上胡公祠的香火长盛不衰，即使到了今天，家乡永康及浙东地区群众缅怀胡则的情愫依然绵绵不绝，尤其在每年农历八月十三日胡公生日庙会期间，"上方岩，拜胡公"已成为民间习俗。千里百里，人们远远近近，纷至沓来，人山人海，祭祀进香，虔诚之至。百姓传说胡公大帝非常灵验，甚至有求必应，这姑且可以把它看作是人民对好官、清官的一种祈盼吧！

胡则生在婺州，死后诏葬于西子湖畔钱塘县的龙井晖落坞（今老龙井），墓茔代有修葺。北宋名臣范仲淹为其所撰的墓志铭曰：进以功，退以寿，义可书，名不朽，百年之为兮千载后。

诚哉斯言！

南宋临安"流动粮库"自成体系

□ 朱晓平

好在临安的水系四通八达,粮食可从四面八方运抵京城,政府只要修筑好水路航道,确保漕运这一"流动粮库"的粮食能畅通无阻地进入杭州,都市的吃饭问题也就迎刃而解了。

* * *

康王赵构被拥立为帝后,一路南逃,待两三年后金兵退却,才总算稍稍安定下来,准备在越州落脚。不过,绍兴这个地方"漕运不济",水上运输能力太差。到了南京,又觉得离前线太近,安全系数不够。左思右想,眼光最后定格在杭州,遂于绍兴八年(公元1138年),南宋正式定都临安,这一待就是138年。这里面原因很多,但便于筹措粮食等物资以确保军需民食,应该是个很主要的因素吧。

/ 刚性的粮食供应任务 /

在北宋成立前的近百年里,两浙地区一直由吴越国采取保境安民的富民政策进行直接管理。即使纳土归宋后,地方经济自主权仍然很大,又少战火侵扰,所以当时的杭州,已名声在外,成了万物富庶的"东南第一州"。其被选为南宋都城,应属全面考量的结果。

"山外青山楼外楼,西湖歌舞几时休。暖风熏得游人醉,直把杭州作汴州。"诗论家一直把林升的这首七绝解读为诗人对南宋统治者苟且偷生、整日陶醉于歌舞升平、醉生梦死生活的不满与谴责。这没错。但从另外一个角度看，谴责以外，也是对都城临安繁华热闹景象的记录。

经过对原有吴越国宫殿的扩建，增建礼制坛庙，疏浚河湖，改善交通，发展商业、手工业，临安很快成为南宋的政治、经济、文化中心。杭州的人口，在北宋元丰年间（公元1078～1085年）已接近30万。南宋吴自牧《梦粱录·夜市》中说："杭城大街，买卖昼夜不绝，夜交三四鼓，游人始稀；五鼓钟鸣，卖早市者又开店矣。"如此兴盛的街市，没有人气，如何隆市？定都临安后，中央的三省六部、南迁的皇室贵族、京畿卫戍部队、南来北往的商贾旅人等纷纷迁于此。人口的集聚度，已与北宋时期不可同日而语了。人多力气大，但人多还要吃饭呢！都城临安的饭碗，有点沉了。

/ 重视生产广积粮食 /

明《西湖游览志》载："南山胜迹中有宋籍田，在天龙寺下，中阜规圆，环以沟塍，作八卦状，俗称九宫八卦田，至今不紊。""八卦田"即今杭州西湖东南侧玉皇山南麓的"八卦田"。中国古代农耕社会，天子、诸侯往往辟有"籍田"，每逢春耕前，就执耒耜在籍田上完成"籍礼"，以示对农业的重视。这当然属于示范性的耕作、号召性的行为。

但南宋皇帝在"籍田"中的表现就远非一场简单的作秀那么简单了。

《咸淳临安志》记载，那个时期，临安府的人口已有124万之众，所以除了大力发展粮食生产，南宋中央政府还在临安大规模建设粮仓，以确保都市的粮食安全。仅从《梦粱录》的记述统计就可以发现，当时临安城内及城郊共建有9座粮仓，分别为省仓3座，丰储仓2座，端平仓、淳仓、平粜仓、咸淳仓各1座。对于上述粮仓，南宋的管理制度非常严密。先是按供应对象区分大小，如"咸淳仓，建仓廒一百眼，岁贮公田米六百余万石"。公田耕作粗放，稻米的质量估计不会好到哪里去，支用对象应该范围较广。而省仓上界，只有廒间八眼，但档次很高，因为它的主要用途是"以充上贡及宰执百官亲王宗室内侍"，属于特供粮食。再一个就是按粮源分门别类，"平粜仓，创以储临安米"，而"省仓中界，有廒三十七眼，皆受纳浙右苗纲经常和籴公田桩积等米"。不同产地的粮食存放于不同的库点，既能合理安排库容，又有利于粮食保管，真有点科学储粮的味道呢。第三是严控粮食出库。"凡诸仓支纳下卸，自有下卸指挥兵士，遇月分支遣，皆至祗役。"粮食出库实行一支笔审批，流程规范。"如遇支界日，仓前成市，水陆壅塞。诸军校给打诸粮，不许雇人搬担，须亲于厫中肩出仓外。此祖宗立法如此。"粮仓实行军管，即使装卸重活，也由军士完成。正是：粮库重地，闲人免入！

/ 自成体系的"流动粮库" /

史料记载，临安粮仓里的粮食"凡诸军、诸司、三学，及百司、顾券、诸局工役等人皆给焉"。这说明储备粮供应的对象基本是体制内的"公家人"，属于计划供给的范畴。而市民百姓的粮食供应，则就相当市场化了，属于另一个运作体系。"每日街市食米，除府第、官舍、宅舍、富室，及诸司有该俸入外，细民所食，每日城内外不下一二千余石，皆需之铺家。"宋代一石约等于今天的97公斤，两千石就是20万公斤之巨，按当时的运输能力，物流量是相当大了。好在临安的水系四通八达，粮食可从四面八方运抵京城，政府只要修筑好水路航道，确保漕运这一"流动粮库"的粮食能畅通无阻地进入杭州，都市的吃饭问题也就迎刃而解了。

对于杭州湾、钱塘江等外江航道，则是重点保障运输安全，所以政府设有专门预测气象、水文的机构，并力求"略无少差"，保证出海舰船的安全，也能确保沿江严、婺、衢、徽等州的粮食、货物能平安运达临安。而杭、嘉、湖、苏北边诸州，着眼点在于快。一是明确司农寺专门督办粮食运输，经常委派官吏"专率督催米斛"，开辟"绿色通道"，防止路途耽搁。二是组建专业船队，上贡皇粮，"搬运自有纲船装载"，"诸郡米客船只，多是铁头舟，亦可载五六百石"，船老大一家老小长期住在船上，能够招之即来。还有一种"大滩船"，系专门搬载诸铺米的湖州船，可直通城内米行粮栈。三是广辟码头，专用卸粮。周密的《癸辛杂识·续集》中说："杭城除有米之家，仰籴而食者凡十六七万人。

人以二升计之，非三四千石不可以支一日之用，而南北二厢不与，客旅之往不与。"天天运进来这许多粮米，基本都依赖于大运河的漕运，且全部汇集到临安城北的北关即今日大关附近，没有专业的卸粮码头，是不可想象的。南宋都城临安，也正是依靠运河这座"流动粮库"，才端牢了满城百姓的饭碗。

中国粮油书系第二卷之
粮战演义（中）——第七章

金元篇

Diqizhang
Jinyuanpian

宋金反目只因 20 万军粮吗

□ 姚 磊

宣和七年（公元1125年），金朝完成了对辽国的最后剿杀。紧接着，金太宗向宋索要20万石军粮，说这批军粮是在金宋会商的时候，马植答应的。谭稹以为金人的说法没有凭据而未给其军粮。金军对此恼羞成怒，又怨恨宋朝收留张毂，于是在撤走时只留下一句话："走着瞧！"要粮也许只是一个借口，但正是这个借口让中国历史又一个分界点产生了。

＊＊＊

随着时间的推移，女真逐渐强大。公元1115年，完颜阿骨打统一女真各部，摆脱了辽国的统治，建立金朝。宋徽宗认为辽有必亡之势，决定联金攻辽，乘机收复燕云失地。

/ 合作攻辽 /

公元1120年，宋徽宗派端明殿学士郑允中为贺辽生辰使、宦官童贯为副使出使辽国。以宦官使辽，使辽朝君臣对此大为不满。宋管不了那么多，他们急于同金联手呢！这不，宋金已经坐下来商谈合作，并达成了共识：金军攻取辽的中京大定府，宋军攻取辽的南京析津府和西京大同府；灭辽后，宋将原来输给辽的岁币转输给金，金将燕云还于宋；双方均不得单独与辽讲和。

公元1122年，在金朝皇帝完颜阿骨打的追击下，辽天祚帝逃入夹山，辽国新拥立的天锡皇帝只能勉强支撑残局。

童贯镇压方腊叛乱后，以为只要宋军北伐，辽国就会望风而降，幽州等燕云故地即可尽入宋朝版图。就这样，宋徽宗立刻命童贯北伐。辽涿州守将郭药师见辽朝不保夕，率劲旅常胜军8000人以涿、易二州向宋军投降。这下宋徽宗可高兴坏了，自己不费一兵一卒就得了两座城池。于是，他在赏赐郭药师的同时，御笔改燕京为燕山府。

/ 从平视到鄙视 /

话说童贯派刘延庆、郭药师率10万大军渡白沟行至良乡，被辽将萧干邀击，就屯兵卢沟以南，闭垒不出。郭药师自愿率奇兵6000夜袭燕京，但要求刘延庆派其子刘光世率师接应。郭药师攻入了燕京，与辽军展开殊死血战，刘光世却违约不至，致使郭药师军死伤惨重。辽将萧干也是熟读兵书之人，早知当年萧太后以少胜多的经典战例，因此派出本来就不多的守军，直接断了宋军的粮道，扬言辽军3倍于宋军，并且以举火为号，一举聚歼宋军。畏首畏尾的刘延庆见到火光，立即自焚大营，仓皇南逃，士兵自相践踏百余里，粮草辎重尽弃于道路两侧。次日，宋军在白沟被追兵再次打败，仓皇退保雄州。

这一仗不仅使宋朝熙宁变法以来积蓄的军用储备丧失殆尽，也让金朝完颜阿骨打完全知晓了宋军实力。是啊，领兵打仗之人不是宦官就是缩手缩脚的怂将，这样的国家还有什么可畏惧的？对于金国来讲，本来看宋朝的眼光是平视，现在一下子变成鄙视了。

再来看宋朝。为了保住自己燕云十六州的战果，遂要求金军攻辽的南京。金军那是摧枯拉朽、毫不费力，便取得了胜利，这一下子金国成了宋国的邻居。经过几番交涉，宋同意将当初每年给辽的30万匹绢、20万两银给金，并纳燕京租税100万贯后，金才答应交还燕云六州（蓟、景、涿、顺、檀、易）及燕京。反正燕京已经不是金国的了，金军将燕京城内财物和人口也掳掠一空，宋接收的只是一座残破不堪的空城。

为粮反目

宣和五年（公元1123年）金太宗即位，下令将辽朝降臣和燕京居民远徙东北。燕民不愿背井离乡，在过平州时私下鼓动刺史张毂叛金投宋。张毂与翰林学士李石计议后，派李石向宋朝表示归降之意。徽宗心动，以为可以借此收回平州。光禄大夫马植认为宋朝不应背盟失信自找麻烦，建议斩李石以谢天下，徽宗不听。张毂便以平、营、滦3州降宋。

金朝不干了，向宋要人。宋徽宗指示燕山府安抚使王安中不要交人。在金人催逼下，王安中杀了一个貌似张毂的人顶替，被金人识破，金声称要举兵自取。徽宗怕金人兴师问罪，密诏杀死张毂及其二子函送金人。郭药师对宋朝这种出尔反尔、薄情寡恩的做法十分寒心，愤愤说："若金人索要我郭药师，难道也交出去吗？"从此，常胜军人心瓦解，不愿再为宋朝效力卖命了。

尽管如此，宋徽宗对尚未收回的新、妫、儒、武、云、寰、朔、应、蔚等9州仍念念不忘。他让宦官谭稹为两河燕山府宣抚使，前往负责收回。金朝因太宗新立，辽天祚帝在逃，未暇顾及山后9州，同意割武（今陕西神池）、朔2州归宋。至此，宋朝实际控制了山后4州。

宣和七年（公元1125年），金朝在完成了对辽国的最后剿杀后，金太宗向宋索要20万石军粮，说这军粮是在金宋会商的时候，马植答应给的。谭稹以为金人的说法没有凭据而未给其军粮。金军对此恼羞成怒，又怨恨宋朝收留张毂，于是在撤走时只留下了一句话："走着瞧！"要粮也许只是一个借口，但正是这个借口让中国历史又一个分界点产生了。金与宋接壤后，金这个新兴的军事力量继续向外掳掠奴隶和财富。宋金交恶后，宋朝军事上孱弱的马脚在冲突中频现，军事上的孱弱最终使北宋遭遇了靖康之难。

因粮于敌，坚金主伐宋决心

□ 姚 磊

投降到金国的各路将领表示，宋朝军队毫无战力；但其军储丰富，可以说一城军储足以供应3城守军，只要击败其一城，不仅可以解决粮食供应问题，而且还能震撼其他宋朝守军；到时，这些宋军定会望风而逃，金军挥师南下，一定势如破竹。听到这些分析，金主果断决定南下。

* * *

自从宋军被辽将萧干追得退保雄州之后，金国看到了宋军的软肋：一则谋略不足，二则主将羸弱，三则各自为战，四则妒贤嫉能，五则贪得无厌。患上这些恶疾，宋军焉有取胜之力？

/ **金军伐宋如何筹粮** /

公元1125年，辽天祚帝延禧被金所擒，辽国灭亡。金国遂开始招募、训练善射勇健之士，以备南下。此时，宋朝还沉醉于燕云十六州回归的巨大幻想中，对金国的动作毫无察觉。

在边境，宋隆德府义胜军2000人向金国投降，易州常胜军首领韩民义也向金主投降。同时，韩民义还给金主带来了一个天大的好消息："常胜军乃辽国旧部，虽因不满辽国昏腐投奔宋朝，但宋朝朝令夕改、人心寒漠。吾辈虽为宋国攻辽复地，但仍难获所需人马粮草。除我常胜军之外，宋军毫无斗志，而且主帅多为宦官，毫无军事经验。"一时间，投降到金国的辽将、宋将都力劝金主南下伐宋。金主完颜晟思量，虽然宋军战斗力较弱，但宋朝毕竟经营多年，物产丰富，完胜不易；若金军南下，粮草军费如何筹措？这的确是一件难事。不过投降到金国的各路将领表示，宋朝军队毫无战力；但其军储丰富，可以说一城军储足以供应3城守军，只要击败其一城，不仅可以解决粮食供应问题，而且还能震撼其他宋朝守军；到时，这些宋军定会望风而逃，金军挥师南下，一定势如破竹。听到这些分析，金主果断决定南下。

/ 宋廷愚昧军储被夺 /

俗话说得好："山雨欲来风满楼"。古代的战争需大量的军事准备，故金兵南下的消息很快传到了宋人的耳朵里。当时燕山府清化县榷场的人们议论纷纷：金军集结兵力准备南下，必劫掠百姓，焚毁房屋，烧杀无度。宋燕山府宣抚使蔡靖与转运使吕颐浩等修葺城防，积极备战，同时立即派人向朝廷汇报。可恨的是，宋朝大臣以皇家祭祀将要开始，时间紧迫为由，命送信的人等礼仪完毕之后再向皇帝禀报。军报十万火急，但是大宋朝廷依旧浑然不知，岂有不败之理？就这样，宋朝上下文武皆不知金国将南下进攻。当金军进入燕山府地界的时候，宋朝还派遣使臣北上联络呢。

金军作战目标十分明确：以黄河为界，将宋军赶到黄河以南。因为渡过黄河之后，金军必然后方空虚，同时战线过长，粮食转运更是大问题。金南下先锋藩王完颜宗望一路南下，到达三河县。宋朝蔡靖临危受命，率军北拒金军。蔡靖统领的5万人以郭药师的常胜军为主。我们已经知道，宋朝对边将的控制十分拙劣，导致兵愤将怒。

这当口，郭药师果断押解吕颐浩、蔡靖投降金军。金军尽获宋军军储，任命郭药师为燕京留守。

/ 罪己诏也救不了国 /

胜利如此易得，金主断然决定挥师南下，直指汴京。宋朝上下震动。宋徽宗问计于大臣，宇文虚中建议宋徽宗下罪己诏，然后笼络人心。罪己诏内容大概是这样的："言路壅蔽，导谀日闻，恩幸持权，贪饕得志。搢绅贤能，陷于党籍；政事兴废，拘于纪年。赋敛竭生民之财，戍役困军伍之力；多作无益，侈靡成风。利源酤榷已尽，而谋利者尚肆诛求；诸军衣粮不时，而冗食者坐享富贵。灾异谛见而朕不悟，众庶怨怼而朕不知，追惟己愆，悔之无及！"可以看出，这罪己诏的核心除了后悔听信谗言外，还有就是抱怨粮食供应不足，而坐地吃粮的人太多，结果导致民怨载道。

若是在平时，有谁敢说出其中一两项情况，恐怕就会让"龙颜大怒"，然后脑袋不保。如今，即将大祸临头的宋徽宗赵佶看了此书，抹了抹眼泪说："可便施行，今日不吝改过。"同时，朝廷又令各州郡立即率兵入京勤王，并广为招募民间有才之士，请天下人直言进谏。宋徽宗还一面派遣通直郎李邺出使金营，告之金人：因宋徽宗过失而导致两国交兵，宋徽宗对此深感后悔，其即将引咎退位，请求金国罢兵议和。同时，宋徽宗下诏封皇太子赵桓为开封牧，在上朝时还赐给赵桓排方御带。这个倒霉的赵恒就是后来的宋钦宗。此后不久，徽宗打算南下逃命，而留太子留守京城。坚守京城说起来容易，此时的东京城里却一个能战之将都没有。宋朝之势，危如累卵。

仰仗粮策，李纲以死谏主

□ 姚 磊

金兵长于野战，攻汴京乃是攻城鏖战，其优势定无法发挥。他们虽在黄河北岸劫掠军储，但他们在南岸所获并不能有效支撑其攻打我军，其步兵还未渡河，因此可不断骚扰切断他们的粮运供给线。如此，金军将不战自退……

* * *

金兵一路南下。宋军虽然有抵抗，但是没有形成有效的反击，致使北部土地全部丧失。汴梁遂成为金军的下一个目标。

/ 金人深谋　宋朝无志 /

和宋军的不管百姓、只顾自逃不同，金兵对投降、俘虏的宋朝军民皆采取宽大政策：只要投降，立即放人；如果愿意，仍留在当地耕作劳动，金兵不许袭扰。这样，完颜宗望率领亲军占领正定县后，燕山余脉基本被金兵控制，进入西部的交通要道也被其掌握。宋朝西部勤王部队东进被金兵阻隔，西遁巴蜀的退路则被堵死。

宋徽宗等了又等，也没有贤臣良将献上退兵良策。回天乏术之时，他使出了最后招数——禅位于子。

宋朝军弱　粮储济敌

临危受命的宋钦宗是个没出过宫门的儿皇帝，让他去同虎狼一般的金人对抗，也真是难为他了。他的想法很好，依托黄河天险为屏障，死守浚州河。但他派出的将领不行，所以有兵也无用啊。

主将何灌文官出身，在运粮、算账方面有些本事，带兵打仗就不敢恭维了，何况他所带领的2万人大都是养尊处优的近卫部队。这些勤王保驾的士兵骑在马上，双手按着马鞍只敢缓慢行进。这哪里是去杀敌的骑兵，分明就是去送死的！再说副将梁方平，一个内侍，伺候皇帝是一把好手，来到战场上，怯敌畏死的本性就表现得淋漓尽致了：负责镇守大桥的他，在刚能望到金兵旗帜顶尖的时候，就吓得魂飞魄散，急令士卒烧毁黄河上的桥梁，使部署在桥北的数千人成了金兵嘴里的肥肉。

黄河天险的南岸竟无一人守卫，完颜宗望心里乐开了花。他怎能不高兴呢？但金兵刚到黄河边时，他也很紧张，毕竟他的军队在渡江方面经验不足，而他的粮食、辎重也需部队守卫，还要提防后方被偷袭。完颜宗望非常幸运，5天5夜里，金军依靠数只小船，骑兵全部渡河。其实就在渡江第三天，他就彻底放松了。因为据探马报，到汴梁一路皆无宋军。金军很快抵达汴京城郊，屯兵马于牟驼岗，不费一兵一卒，便获宋朝军马2万匹，粮食、草料无数。

围绕粮储　以死谏主

金兵已在眼前，大宋朝廷乱成了一锅粥。但守城统帅——京城四壁守御使李纲是一个标准的军人，作战经验丰富。看着不知所措、打算南逃的宋钦宗，李纲信心百倍地说："皇上，现在汴京守城部队约10万人，外加已到汴京的勤王兵马不下20万人。只要我军团结一致，众志成城，无论金兵如何骁勇善战，也会让他们顿于坚城之下，叫他们有来无回。"见宋钦宗依然犹豫，李纲继续分析："金兵长于野战，攻我汴京乃是攻城鏖战，其优势定无法发挥。他们虽在黄河北岸劫掠军储，但他们在南岸所获并不能有效支撑其攻打我军。金人的步兵还未渡河,因此可以不断骚扰切断他们的粮运供给线。如此,金军将不战自退。只要圣上与民生死相依,共保汴京,汴京可守。臣定尽竭驽骀之力,死而后已,誓与汴京、皇上共存亡。"经过李纲以死相劝,宋钦宗表示:"中原乃我大宋社稷根本,万万不可弃,如一举失措,将遗恨千古啊!"

惨烈的汴梁攻防战

□ 姚 磊

金军一路南下，势如破竹，汴梁眼看就要成为金军的口中肥肉。但宋将李纲看到了金军的弱点：金军孤军深入而无辎重相随，此乃兵家大忌。于是，他以死相谏，终使宋钦宗答应守城。完颜宗望也深知此战之弊，力求速战速决，但缺粮打破了他的美梦。

* * *

/ 李纲的部署 /

来看李纲的部署：修楼橹、挂毡幕、安炮座、设弩床、运砖石、施燎炬、垂檑木、备火油……凡守战军械尽力完备；再就是明确责任，要求官兵密切配合，互相策应。由于决定死守汴梁，李纲特别对粮食的供应作出了安排。

当时汴梁城的粮仓大都设置在城外，而通津门外的延丰仓储有40余万石的粟豆，所以他决定以延丰仓粟豆作为军粮。与此同时，他又在内城储备粮食，以保证守备部队及城内百姓的粮食供应。另外，他还派人据守高地樊家岗，与城内互为犄角，互相策应。

急匆匆地将一切安排妥当，完颜宗望率领的金军便打到了汴京城下。

汴梁攻防战

金军攻势凌厉，先攻宣泽门。因宣泽门外汴水深急，可以金军用火船急冲城门，相焚填充壕沟冲入汴京城。

看到金军放船火攻，李纲迅速令2000敢死之士持长钩迎战，又令200神箭手持强弩保护，阻挡疾驶而来的火船。长钩急下，钳住火船后，宋军抛石沉没火船，船借火势，漏底而沉。

宗望见火攻不成，与完颜宗弼商议，决定再次猛攻，其原因很简单：手里粮食不够啊。于是更惨烈的战斗开始了。

金兵在通天门和景阳门一带易于突破的薄弱地段，分别以云梯、飞橹等攻城器具缘梯而上。李纲一面急调2000名神箭手，一面命守城将士站在城堞后方，待金兵一到城下，便将滚石、檑木砸过去，神箭手则以强弩瞄准攻击后续跟进的金军。一时间，箭飞炮响，矢石如雨，金兵攀梯而上，又纷纷自城墙、云梯栽倒坠亡，乘筏渡河的后续部队成批落水，因为不习水性，沉溺者无数。双方攻守战自早晨打到中午，以金军丢下几千人的尸体失败告终。金军虽伤亡惨重，但依然很顽强，转又强攻其他城门，不幸的是同样被守城宋军击败了。

金军求和

接连失利，完颜宗望果断变换策略，派使臣入汴梁求和。

金使说："金国本无意灭宋，愿意媾和。"钦宗和宰相白时中、李邦彦、张邦昌等文臣畏敌怯战，力主谈判讲和。李纲等主战将领非常清楚现在的处境，根本没有谈判的条件。

看到汴梁城内迟迟没有回音，完颜宗望又放出话来，就说攻破汴京易如反掌，城破之日将要屠城。闻听此言，本来就勉强守城的宋钦宗被吓破了胆，以为全城百万生灵计为借口，愿割地赔款求和。李纲想到四方勤王兵马尚未赶到，为缓兵计，同意钦宗与金讲和，但表示坚决不能割地，只适当赔款。目的是与金方讨价还价，拖延时日，等四方勤王兵至，彻底打败金兵。

完颜宗望也在痛苦地思考，西路攻宋的金兵在太原被宋军阻挡，鏖战无进展，会合很难实现；宋朝勤王大军马上四合云集，自己孤军深入敌国，犯兵家大忌啊！想到此，他真有点慌了。于是，他想通过求和索取大量金宝逼诈宋钦宗割三镇捞足了好处，然后撤兵。

可叹！疲敌战术被否定

□ 姚 磊

完颜宗望害怕极了：一则勤王兵四面涌来，有数十万之众，金兵受创严重；二则他手里的粮食基本耗净……种师道计划采取分兵奇袭和轮番攻击的疲敌战术，逐渐消耗金兵；当金兵仓促北退渡河时，还可在其渡河过程中进行截击。但是这些战术全部被宋钦宗否定了……

* * *

东西南北各路勤王之师已经陆续赶到，形势一天天对宋方有利。

话说检校少保种师道率勤王大军自洛阳向东疾进，一路上张列皇榜，旌旗招展，战鼓不断，讨伐金军之声百里不绝，并且他在沿路发出话去：我种太保带兵百万，从西路赶来勤王，大军马上即至。不日，种师道大军紧逼金军阵营扎下营寨，金军立即拔营后撤，汴梁军民士气大振。

/ 李纲主张疲敌 /

为有效抗击金军，宋守城主将李纲召集高级将领商议，因为有两个艰难的问题摆在他面前，需马上解决。一是守城防御和统一各路人马的问题。当时云集汴京外的勤王兵马共20万，分别驻扎在城内城外几个地方，这种分兵布置容易被金军分兵击破。二是粮草问题。这次战争与以往不同，敌兵已经打到了京城下，各路兵马勤王出征，均以时间为第一要务，粮食肯定没带多少，而城外的大部分粮食军储被金军所得，城内的粮食是按照10万守军和城内百姓的生活所需安排的。

针对李纲提出的问题，朝臣们展开商议。"我宋军各路人马已到汴京，应采取积极战术，直接进攻金军，将金军赶回黄河北岸，并且收复失地。"针对宋朝的文官的这种大放厥词。种师道马上反对："我军目前是人数占优，但除西北部军队外，其余各部都是未经沙场战阵的新兵或者后备军，而我们面对的是金军统帅带领的精锐部队，要是硬碰硬败了，如何是好？前段时间的守卫战中守城军械损失很多，勤王士兵基本也都是轻车简从，与金军对垒不好占便宜。最好的方式就是坚壁清野，疲敌为上，就像当年汉朝周亚夫平七国叛乱那样。""你这是畏首畏尾，分明是胆小如鼠，根本就没有把大宋社稷放在心中。我大宋天兵20万，难道敌不过区区四五万的金贼吗？"商议进入白热化。"应该连夜攻打，让其无有喘息机会，以扬我大宋天威，长我宋军气势。"面对文臣们的强词夺理，李纲说："各位皆为我大宋江山社稷，前线打仗，刀剑无眼，生灵涂炭，这次战争必保我汴京万无一失，因为圣上在此。我认为种少保意见有道理，虽然我军人数占优，但粮草渐少，战力不济，所以还是采取深沟高垒，以劳敌师的策略为上。"为了使自己的主张得实施，李纲也向文官作了妥协："即日，我宋军对金营连夜偷袭，破其招主营，逼其退兵。"李纲有自己的考虑，如果真的按照种师道的意见，坚守城池，这些军队的粮食哪里搞？不如利用手中的军队优势，先声夺人。

/ 投降引发学生运动 /

大敌当前什么最可怕？内奸！宋朝内部尚书左丞李邦彦就是这样的货色。也不知他收了金国多少好处，将宋军打算劫营的消息泄露了出去，使宋夜劫金军大营的人马中了埋伏，损失惨重。这种情况下，投降派得势劝宋钦宗签署条约，纳贡送人质。宋钦宗耳根子本来就软，加上被吓破了胆，昏昏然罢了李纲、种师道的官。金军统帅完颜宗望藏起心头的窃喜，威逼宋钦宗赔款、割地，并令大宋朝廷追查劫营主使人。钦宗派尚书左丞太宰兼门下侍郎张邦昌等人，向完颜宗望乞降。金方强迫指令："纳贡金500万两、银5000万两、牛马万匹、衣缎百万匹，割太原、中山、河间三镇，并以宰相、亲王为质……"李纲的职位由投降派接替。他们下令金人攻城时，禁止用矢石还击。听闻这些，宋军将士、军民气炸了肺。在太学生陈东的倡导下，爆发了北宋有名的学生运动。在这次运动中，学生们向钦宗上书，抗议宰相白时中、李邦彦、张邦昌、蔡懋、李棁等人给金人签订割三镇、赔巨款的投降条约，并指出朝廷罢李纲等主战派的官是做了令亲者痛、仇者快的蠢事，是中了敌人的诡计。他们还指出若朝廷如弃三镇，朝廷还能光复北部领土吗？太学生的义举，得到广大民众的响应，一天之间聚集群众数万人。

钦宗不得已复李纲、种师道官职。

/ 屈辱的前奏 /

李纲一复职马上下令能杀敌者厚赏。众将士军民人人振奋，英勇杀敌，昼夜守卫汴梁。完颜宗望害怕极了：一则勤王兵四面涌来，有数十万之众，金兵受创严重；二则他手里的粮食基本耗净；三则若退路被截，或宋军轮番进攻，难保全身而退。种师道计划采取分兵奇袭和轮番攻击的疲敌战术，逐渐消耗金兵；当金兵仓促北退渡河时，还可在其渡河过程中进行截击。但是这些战术全部被宋钦宗否定了。原因很简单，他就是怕有朝一日金军再来。

种师道悲伤地看着远去的金军自语道："异日必为中国患。"这年是公元1126年，这年的年号即为"靖康"。

九死一生立南宋　备战备荒求良策

□ 姚　磊

只用钱买粮食的方略在四海升平的情况下可以实行，但是打仗要的是绝对安全，不仅要居安思危，更要注意粮食自给自足，决不能将自己的粮食安全维系于采购这种全盘市场化的方式上。古人所知，今人应引以为鉴。

* * *

金军已经知道大宋的实力，一番休整后便开始第二次攻打宋军。再看宋军方面，经过上次大战后国力虚耗，粮仓见底，形势危如累卵。

/ 大势已去北宋亡 /

金军还是分两路进攻，一路南下直取汴京，一路西去经井陉攻打太原。太原处于太行山腹地，山高岩峭，易守难攻。第一次攻宋，完颜祖望就是因为西路军没能突破井陉的宋朝守军而致孤军奋战，所以这回定要先扫清西路障碍。

此时，宋军府库空虚，国家仓储不足，从中央调拨粮食基本是不可能的，故只能依靠当地府库粮食补军食。金军根本不给宋军喘息的机会，直接造成其粮食储备不足。没办法，守备回牛岭的宋朝部队每天仅可得到豌豆2升，而发到士兵手中的粮食则是腐坏的陈粮，士兵们对此叫苦不迭。

金军抵达回牛岭，做好了承受大量伤亡也要攻城的准备，却发现本应重兵守备的城寨已人去楼空，于是不费吹灰之力就获胜了。西路和中路的金军顺利在汴梁城下会师，完胜宋军。宋钦宗作为人质的屈辱永载史册。

/ 九死一生南宋立 /

靖康二年（公元1127年）3月，北宋历经9主而亡。同年，康王赵构南逃，在南京应天府（今商丘）称帝，史称南宋，赵构即宋高宗。赵构九死一生到达南京，深感肩上担子之重，因此将备战备荒列为重中之重。

重点工作定下了，接下来就是定班子。且看高宗选的人才：诏尚书左仆射兼门下侍郎张邦昌为太保、奉国军节度使，封同安郡王；赵子崧为延康殿学士，知镇江府；刑司梁扬祖为徽猷阁待制，知扬州；随军应副黄潜厚试户部侍郎；范致虚知京兆府，充南道都总管；河北转运判官顾复本为北道副总管；张深充龙图阁直学士，知熙州；直徽猷阁、陕府西路计度转运副使王庶升直龙图阁学士，知延安府。

/ 重建国防求良策 /

国家危难，领导班子一定马上开始商议重建国防的策略。延康殿学士赵子崧提出："圣上，新政权初立，金贼虽不会马上南下攻打，但毕竟我军在北部与其接壤。驻军若皆由我方供应，则难以支撑，不如我军开边屯垦，必能达到御敌增粮之目的。今熙河五路进驻州军堡寨，做好西北防御，但这些毕竟不是紧要控扼的战略要地。因此，臣认为应明谕夏人，示以德意。然后将诸郡守戍之兵分别派往陕西、河东、河北之处，形成3处大型屯垦：一屯在澶渊之间，一屯河中、陕、华山之间，一屯青、郓州之间。平时可让这些屯兵在屯垦点种田积粮，还可训练他们以备非常时期。万一金国敌骑南渡，则让这些屯垦士兵北上，捣金人燕山之虚。到时破釜沉舟，焚舟渡河，人自为战，打击金人未必不成。"这个方略是好，但有一个非常大的缺陷，北部大量土地已被金人所获，同时屯垦士兵难以形成有效战斗力，应急实在把握不大。高宗也是久经战阵之人，让这么多的士兵在河北岸与金兵拼命，到时若没有后续接应他们，又有多少人能够战斗到底呢？于是这个屯田方案就此作罢。

监察御史胡舜陟建言："我认为应当参考太祖用兵之法，任命北面各路边将即郭进、李汉超、董遵诲等守边，以大名县、开封县、洛阳县等三京为战略核心，通过拱县、滑县、颍昌等拱卫北京大名县，郑州、汝州、河阳拱卫西京洛阳，恩州、濮州、开德等州县拱卫开封，同州、华州、陕州等各府拱卫长安，形成一个整体性的攻防体系。同时选择优秀将领，让各地因地制宜，开展生产，养兵自卫，统筹协调，相互支援。而我京兆之地则开展经济建设，一铸币，二经营，然后将这些资金作为本金发给四镇作为采购粮食的本金。这样不仅可以解决粮食问题，还可以减少对各镇的后勤供应，以资金解决问题岂不更好？到时中原不失，江左岸也就安全了。"胡舜陟的建议也引来了大家的议论，后来他被罢官，此建议也就搁置下了。

不过这样看，只用钱买粮食的方略在四海升平的情况下可以实行，但打仗要的是绝对安全，不仅要居安思危，更要注意粮食自给自足，决不能将自己的粮食安全维系于采购这种全盘市场化的方式上。古人所知，今人应引以为鉴。

无粮坚守　李彦仙浩然正气震山河

□ 姚　磊

当时,潼关以东只有陕州在大宋手中。面对如此危局,李彦仙不敢怠慢,立即发布命令,征调兵勇,加紧修筑城墙,深挖护城河,扩充军备。同时,他要求各路军丁,只要可以下田耕种,一定垦田产粮,做好长期战争的准备。他对兵士们说:"以家殉国,与城俱存亡。"

* * *

在宋朝抵抗金兵南下的过程中,涌现了很多可歌可泣的英雄人物,李彦仙就是其中的一位。李彦仙,字少严,本名李孝忠,居巩州(今甘肃陇西)。历史对他的评价是:他是一个有韬略、善应变、重气节的将领。

/ 初露锋芒被赏识 /

金兵一路南下,其西路军同时攻打河东。河东失守,李彦仙前往陕州拜见守将李弥大。李弥大向他请教西北防务,李彦仙从军事训练、粮食仓储、军粮运输、排兵布阵、金军优劣势等方面进行了详细的阐述。同时他特别强调,为应对金军凌厉攻势,务必要广积粮,与金军打消耗战,还要有游骑兵力去截金兵粮道,方可制胜。李弥大很是赞同,留其为裨将,驻守崤渑之间。

此时,金兵又犯汴京,永兴军统帅范致虚率六路大军增援勤王。开拔前，李彦仙建议："崤渑是险要关隘，难以驻军，前进、后退都容易导致军队溃散。应分道并进，寻找时机出关。还应当以一半军兵扼守陕西，方可进一步采取行动。"范致虚刚愎自用，不但不听劝告，反而责怪李彦仙贪生怕死、扰乱军心，将李彦仙革职调离。范致虚进兵到千秋镇，果然被金兵打得措手不及，全线溃败，士卒逃散。

/ 妙策光复陕州城 /

公元1127年4月，金兵进犯陕州，经制使王燮率部逃跑，李彦仙以石壕尉身份坚守三嘴山。他妥善安置老弱病残，选拔丁壮补充士卒。在与金军对垒的时候，李彦仙先派部分精兵埋伏，后同金兵正面厮杀。双方拼斗正酣时，伏兵突从金兵背后掩杀过来，金兵猝不及防，大乱溃逃。李彦仙率部乘胜追杀万余人，夺取战马300匹，从而一战成名。但毕竟大势已去，金兵最终进占陕州。由于人员有限，金军让降顺者和未逃散的士卒驻守陕州。李彦仙便暗派兵士混入其中，并约定时日，里应外合攻打陕州城。

公元1128年3月，李彦仙率兵攻打陕州南门，城中弟兄放起大火，金兵慌忙退到南城抵抗。这时，李彦仙预伏的水军从城东北潜入，与城外军队呼应夹击，金兵弃城逃散，陕州城光复。经此一役，李彦仙被升任陕州知州兼安抚使，授武节郎、阁门宣赞舍人，并获赐袍带、枪剑。此时，潼关以东只有陕州在大宋手中。面对如此危局，李彦仙不敢怠慢，立即发布命令，征调兵勇，加紧修筑城墙，深挖护城河，扩充军备。同时，他要求各路军丁，只要可下田耕种，一定垦田产粮，做好长期战争的准备。他对兵士们说："以家殉国，与城俱存亡。"

/ 断粮坚守气壮山河 /

时间进入公元1129年的腊月，金国在东线的进攻相对顺利，因此决定将西线向前推进，形成东西两路的合围进攻态势。于是，金国以陕西都统洛索为右翼主帅，带领10万大军兵分10路进攻陕州。"现在金军已经攻下长安。如果敌人要攻蜀地，咱们陕州就是大门，金军一定会全力攻打。而我军粮食准备并未妥当，去年屯垦收获的粮食仅够用于今年播种前全城百姓、军士的供应。如果敌人围而不攻，我们的粮食供应就会出现大问题。各路转运使一定再到州县筹集粮草，务必多屯粮食。"在迎战动员会上李彦仙格外重视粮食。

不日，洛索的军队开进陕州，第二年正月初开始攻城。李彦仙暗地令士兵深挖地道，直通金兵大营。万事俱备，李彦仙于一深夜派健勇军士冲出地道，焚烧金兵营寨，又亲率大军冲杀出城，金兵死伤无数，后退数里扎营。吃了大亏的金兵恼羞成怒，利用鹅车、天轿、火车、冲车等攻城工具加大对陕州城的围攻。李彦仙在战斗中被金人炮火所伤，全身糜烂，仍坚持不下火线。危难之时，李彦仙的担忧变成了现实：除了年前李彦仙要求转运使征集的豆子外，城中已经没有其他粮食。李彦仙只得向川陕宣抚使张浚求援。张浚一面派人从僻道前来劳军，一面急令泾原路都统曲端出兵救援。但曲端素来嫉妒李彦仙军功，谎称无法出兵。张浚亲自率兵来援，因道路被阻而不得进。

时间一天天过去，守城士兵伤亡人数不断增加，金军虽强，但粮食也不够吃了。洛索是一员猛将，面对此处境，决定破釜沉舟："城中粮草绝，我金兵也缺粮，生死在此一役！"于是，金军鸣鼓进攻，倾全力攻城，结果金兵破城而入。在激烈的巷战中，李彦仙左臂被砍断，洛索命部下必须生擒李彦仙。李彦仙为免被敌人俘虏，渡河逃脱，中途闻金兵屠城，悲痛万分地说："金人之所以屠城，全是因为我长期坚守不降之故，我怎能苟且偷生呢？"遂投河而死。

粮草告急　金军被困兵败黄天荡

□ 姚　磊

公元1130年2月，一路南下的金兀术接到军报：金军粮食及军马草料供应出现短缺；宋军坚壁清野，水路运粮难度很大，粮食筹集发生困难。金军无奈，被迫从宁波撤退。当金军撤退到宜兴一带的黄天荡时，遭到宋朝中兴四将之一的韩世忠拦截……

* * *

靖康末年（公元1127年），在俘获宋徽宗、钦宗二帝后，金兵做好了对南宋全面进攻的部署：以洛索为右翼统帅，急攻陕州，务必从陕入川形成对南宋的合围；东路由左监军完颜昌向楚州（今江苏淮安）运动，并肃清东路宋军各据点；中路则有金国统帅兀术率领10万大军向建康进攻。长江攻防战就拉开了序幕。

/ 粮草告急金兀术退兵 /

金军自马家渡渡江，宋军急忙派遣都统制陈淬，督统制官岳飞、刘纲等17人领兵3万人与金军作战。

虽然岳飞乃名将，但其势单力薄，还不是主将。4天后，这支号称10万人的宋军便以败兵收场，陈淬战死。金兀术率3万多人直扑江南。

公元1130年2月，一路南下的金兀术接到一则军报：金军粮食及军马草料供应出现短缺；宋军坚壁清野，水路运粮难度很大，粮食筹集发生困难。金军无奈，被迫从宁波撤退。赵构终得喘息的机会，继续向临安方向逃跑。

话说金兀术当初一路打得起兴，打下城镇，粮食归己，吃的喝的都不愁，可他想撤退就难了：一则是中路军队已成孤军深入之势；二则时值腊月之后青黄不接之时，普通百姓粮食供应都是问题，更不用说他们这些远道而来的侵略军了。

/ 误入黄天荡又遇宋名将 /

当金军撤退到宜兴一带的黄天荡时，遭到宋将韩世忠军队的拦截。

这个韩世忠乃宋朝中兴四将之一，娴熟兵法。黄天荡是长江中的一个断港，早已废置不用，只有进去的路，没有出去的路。韩世忠见金兵误入歧路，高兴得不得了，只要金兵进入，立即率兵封锁出口。金军被困于黄天荡内，进退无门，本来就没有多少粮食的兀术更是心急如焚："打了这么长时间，根本没有遇见对手，没想到粮食成了我的心头之患了。"眼见10万士卒就要被饿死在荡中，金兀术派使者与韩世忠讲和，愿意把抢掠的财物全部送还，向韩世忠献宝马，以换条退路。韩世忠很有气节，对兀术的条件他一概不答应，定要在黄天荡歼灭金军。

看贿赂不成，兀术只好重金悬赏求计。"重金之下必有勇夫"，重金之下也有汉奸。这个汉奸使金军获得了一条救命良策：黄天荡内有一条老鹳河，直通建康秦淮河，因年久不用而淤塞，派人挖通即可从水路逃出。

兀术大喜，粮食没有，士兵多的是，遂命令除了守备部队外，其他部队一律去疏通河道。仅一夜时间，金军便挖通此河，欲从水道入建康。不幸的是，这支残兵败将途经牛头山，正巧遇到刚收复建康的岳飞。见敌人从秦淮河出来，岳飞立即调集大军猛击，兀术只好退回黄天荡。

/ 困敌完胜宋将扬美名 /

韩世忠准备彻底击败兀术，于是命令打制铁索和铁钩等水战器具，一遇敌船定要消灭。虽然金军中没有多少擅长水战的将领，但人才还是有的。他们建议集中火箭射宋军的船帆，烧毁宋军战船，逃出黄天荡，况且粮食问题已经到了不得不解决的地步，所以金军必须出击。金军按照水战之计而行，果然有效，宋军船只被烧毁许多，封锁线难以为继，金兵乘机冲出黄天荡，向北逃过长江，撤回黄河以北地区。

东路金国大将完颜昌攻打南宋楚州。楚州守将赵立奋力抗金，独守孤城。若楚州不保，两淮有可能不保，则常州、苏州危急，南方抗金形势有可能会急转直下。于是，8月，赵构下诏通泰镇抚使岳飞营救楚州。岳飞深知楚州虽是战略要地，但东路军兵事正盛，自己粮草已不济，如救楚州则为飞蛾扑火。他还知道金东路军即使攻下楚州，中路兀术的军队已退却，两路不能协调，粮食也不能有效供应，金东路军只能退兵。因此，他选择了沉默。

这一战的结果是，韩世忠仅用8000军队困敌10万兵马于黄天荡，战48天，歼敌万余。韩世忠因此役，威武雄姿和将帅风范传遍江淮地区；岳飞也一战成名。

南下攻宋，金兀术坚持军粮务丰

□ 姚 磊

南宋不断面对着金国南下的军事压力，但长江以北黄河流域的土地已成金国附属。中原乃宋朝故土，当地民众对金国的统治十分抵触。无奈，金国扶持了一个附属于金国的政权——刘豫的大齐。于是，金国攻南宋变成了金、齐攻南宋。这个傀儡皇帝摸透了金军的想法，围绕宋军战船聚集、粮食囤积要地提交了一份一举多得的保命报告……

* * *

/ 刘豫的保命报告 /

公元1130年9月，金国册立刘豫为大齐皇帝，置丞相以下官，以汴州为汴京，降宋南京为归德府，降淮宁、永昌、顺昌、兴仁府俱为州。金国有了一个傀儡政权就好继续向南宋用兵了。不几日，元帅府使萧庆到汴梁，与刘豫商议伐宋的事。

刘豫看见主子派人来了，忙禀报曰："宋军主帅韩世忠在润州，刘光世屯兵江宁。如果我大军欲往采石渡江，刘光世定拒守江宁；若出宿州抵扬州，则韩世忠必聚海船截瓜洲渡；若直接引轻兵直趋采石，宋军定没有防备。那时，刘光世的海船亦在润州，韩世忠与我军水战定先取用，二人必将由此不和。以这样的形式施压，宋朝皇帝定会将这两人分开。到时我们就有机可乘了。"刘豫能够被金国册封也不是吃素的,他知道金军最关注的是什么。

刘豫带了几十条船假模假样地航行了一圈后,给元帅府写了一份情况通报:"我带领一干人等,打算从海上侦察,并对南宋进行攻击。但我军毕竟不习海战,而南宋自立国起就经营海军事宜,所以江南水军十分厉害。宋主在杭州,候潮门外钱塘江内有船200只。宋主入海就是由此上船,过钱塘江,水路越州,向明州方向,到达昌国县。昌国县在海中,那里是宋军聚集战船、囤积粮食的要地。我大军可先往昌国县,攻取粮船,然后杀他一个回马枪,再到明州城下,夺取宋主御船,直抵钱塘江口。"这个报告很有水平:第一,金军一直想找一个突破点攻打宋军,如果能够直接采取斩首行动最好;第二,昌国县就是今天的定海,地理位置非常重要,虽然宋军战舰全部聚集在那里不太符合逻辑,但那里毕竟是宋的后方;第三,昌国县虽然在沿海,但是要直接进攻,必须有强大的水军和向导,而拥有这些人也不是一件容易事;第四,金军本来就不擅水战,就把他们引到一个不可能完成的任务上去,这样自己也好保命了,事情也办了,而且自己还有立功表现。这真是一举多得的好事。

/ 金兀术吃一堑长一智 /

公元1134年,金军在中原地区的各路将领被金国皇帝召集到上京,商议如何继续南下攻宋之计。都元帅完颜宗翰身经百战,他的意见是继续进攻:"南朝无人,军队胆小如鼠,历经战阵,一触即溃,根本没有什么可担忧的;齐乃大金附庸,虽为南人,但了解水战等我之不擅长之项。因此我认为利用刘豫的计策是可行的。"

在完颜宗翰的眼里,宋军已经不是军队了,而是一帮待宰的羔羊,不过他实在是轻敌了。同时,有一个十分重要的因素他没有考虑,那就是粮食。

吃过败仗的兀术提出了不同意见:"你是不知道江南作战之辛苦,江南地理条件与北方差异极大,对我军极其不利。"作为唯一一个与宋军在水上交过手的金军统帅,兀术败给南宋,的确有一肚子的委屈:"江南地区夏天湿热难当；冬月时分，天气阴冷潮湿，土地入冬不硬，粮食不易储存，运输时道路泥泞，车马通行困难，特别是我们在江南不像在北方一样可因粮于敌。江南虽水路丰富，但我大金骑兵难以施展，粮食供应将成为拖累我军的关键问题。"说到这里，兀术不忘江南落败的教训："凡江南作战，军粮务必储备丰富，江南地区芦荡中兵马容易屯集，但粮食如果跟不上，只要水路被封，仅用1/5的兵力，南朝就可能将我军困死在芦荡中。"完颜宗翰求胜心切，轻蔑地说："我看你是被吓破胆了吧？上次各路人马进攻都很顺利，就你的军队误入南朝芦荡，是你自己没有调度妥当，为何还要怪罪气候，你分明是畏战不前！""你带兵去啊，能全部回来就是本事！"眼看两个元帅开始对讥，金主便问完颜宗尧。完颜宗是完颜阿骨打的三子，也是这些统帅们的父辈。老将军从军几十载，运筹帷幄深得宗室信任。

"兀术说的话在理啊！南朝地域不比黄河两岸，风土人情、地貌物产皆与中原不同，故南行作战务必小心。我大金攻打南朝已陷其都城，南人经营多年，物资粮食皆集于此。长江以南并非战略重点，我军攻略务必谨慎，以免成果尽失。大齐乃大金附庸，我南征计策仅可参听其议，万万不可全用。"各路将领听了颜宗尧的话都心悦诚服。于是，金军按照兀术的意见，筹集粮草，做南征准备。

罗诱《南征议》惹来南宋粮食剿杀战

□ 姚 磊

岳飞的任务很明确,就是抄金军后路。在北上的路上,只要有机会,岳飞就用偏军袭扰一下。当发现金军粮食供应不济的问题时,他笑了:当年金兀术就是因为粮食供应不上才吃的大亏,金军这回还不汲取教训!于是,各路宋军不约而同地对金军的粮食供应展开了剿杀……

* * *

江南乃富庶之地。别说金国,就是金国册立下的大齐也对南宋心存幻想。公元1134年7月,奉议郎罗诱呈给了刘豫一篇《南征议》,陈列南征的各项好处。刘豫看了怦然心动,于是面见金太宗。这个金太宗吧,也是个贪心的主,肥美之地的诱惑加上完颜宗翰的坚持主战,遂使他决意南进。

/ 罗诱的《南征议》/

罗诱的《南征议》究竟有哪些内容?咱们姑且来读读。现把它的主要观点总结如下:

其一,两淮之地乃膏腴千里的沃土,此地区生产的粮食能够供应军队国家用度。同时,该地区还是江浙的防护屏障,地理位置极佳。金陵地处长江天险,自古守金陵者无不北控长江,环山以自保,即使围城多日也不易被攻破。现在南朝退守吴越之地，对金陵等地的防守弱化，机会难得。

其二，南朝无贤相。南宋如今的朝堂之上，吕颐浩狂妄自大，私心极重，凡是政事皆为图利；朱胜非虽然是老臣，但是守法、畏惧、木讷，难以变通；秦桧更不用提，智慧不多，阴谋不少……这些人相互倾轧，为朋党，一旦有紧急事态发生，定误君误国。

其三，南朝将领不和。国家危难时，各路将领相互猜忌，再有勇有谋也是枉然。

其四，南朝军队多由乌合之众组成，战斗力可想而知。

其五，当下，南朝皇帝立国无名，不能服众。

其六，用兵之道，财用为先。自南朝立国以来，可以说藏无信宿之钱，仓无间日之米。

综上，此时不攻打南宋，乃是辜负上天的一片苦心。

/ 赵构：绝不屈辱地活 /

大齐本来就是金国辅立的伪政权，因此要为自己正名就要打下一片天地。刘豫看到这篇文谏喜上眉梢，立即安排枢密院等机构谋划南征之计。而金主南进意决，不仅不听兀术的意见，还让他当先锋，由刘豫统领金齐联军挥师南下。其战略布署可谓以粮为重，企图通过顺昌向合肥进攻，但是因粮食运输距离太远只得作罢。金军想中路进攻，又怕岳飞断了粮道，最后议定：攻向泗州，然后分兵徐州、扬州，同时马上造军舰，东向海州和楚州，劫掠粮食，为进一步南下做准备。

天下没有不透风的墙，而且南宋在金国安插的情报人员已将情报送达南宋。南宋王朝是在生死考验中生存下来的，赵构也不是羸弱的宋徽宗，他知道逃也逃不到哪里去，与其屈辱地活，不如抵抗到底。于是，好戏上演了。

南宋是这样部署的：淮南东路宣抚使韩世忠自镇江进驻扬州，江东淮西宣抚使刘光世屯兵马家渡，江西制置使兼荆南制使岳飞屯兵鄂州。

激烈的粮食剿杀战

金兵在扬州遇到的就是韩世忠。老将督战，预设伏兵，结果金兵大败。同时，李纲还提出了一个围魏救赵的计策，让岳飞直插汴梁，从背后截断金军退路，利用金军在汴梁的军储，保证宋军的粮食供应。

岳飞的任务很明确，就是抄金军的后路。在北上的路上，只要有机会，岳飞就用偏军袭扰一下金军。当发现金军粮食供应不济的问题时，他笑了：当年兀术就是因为粮食供应不上才吃的大亏，金军这回还不汲取教训！于是，各路宋军不约而同地对金军的粮食供应展开了剿杀。有时一队骑兵风驰电掣般地杀到金军运粮车队时只攻其前队，同时对其进行中间穿插，将金军的运粮车队一分为二。

后面的金军看见有敌军时除迎战外，就是逃跑，能带着粮食逃最好，不能的话保命第一，这样就给了宋军焚粮毁食的机会。有的宋军干脆埋伏在路两侧，结果金军运粮车队难以前行，只能原地待命或者搬救兵，造成的直接结果就是金军粮食供应不上。

转眼到了12月，南方雪雨交加，金军粮食供应不上，即使杀马就食也解决不了粮食问题。屋漏偏逢连阴雨，正当金军为粮食纠结不已之时，金太宗病逝的消息传到军营，金兀术二话不说，立即拔营北还。

米丰宋军破釜沉舟 轻敌金兵顺昌落败

□ 姚 磊

对于粮食储备，陈规胸有成竹。他对刘锜说："我顺昌虽然不大，但经年备战，现有米数万斛，应该够你我共守之用。"听了陈规的话，刘锜高兴地说："知府，我定当万死不辞，力拒金贼。"让刘锜更加高兴的是，他发现刘豫当年在此储藏的毒药还在，战具滚木俱全……

* * *

公元1140年，在金将兀术的指挥下，金军开始了最大规模的南征。而在战火中历练出来的南宋军队也有所准备，对于战胜金军是志在必得。这两股力量交锋之时的惨烈状况可想而知。

/ 经年备战 顺昌米丰 /

话说金将兀术兵分3路直捣南朝东、西、南三京，不到半月南宋各州县沦陷殆尽，南宋朝野震动。

龙图阁直学士、顺昌知府陈规得探报，金人骑兵已经攻入东京。东京副留守刘锜回到顺昌府中，陈规将军报拿出递给刘锜。顺昌府，应该是今天的阜阳，是中原到江南地区的必经要道，也是控扼两淮的地理中心。前番，兀术和大齐联军筹划进攻南宋路线中，就包括了这条路线。不过，当时为了不拉长后勤补给线，金军没有采取这条线路。这次，兀术打算从顺昌踏过去。

这里有必要说一下龙图阁直学士这个官衔。在宋朝，这个官衔是虚职，有点类似于名誉类的职位，但是能够加这个虚职的却绝非等闲之辈。大家最熟悉的包拯，就拥有这个官衔。对于一个地理位置至关重要的州府来讲，粮食储备是第一要务，陈规自然知道。副留守刘锜统兵打仗多年，军事经验丰富，得悉军情后，对刘规说："知府，我军有18000人，但都是辎重部队，正规军不到一半，恐怕难以招架金人的攻势啊。若有足够的粮食储备，我们定可坚守城池，拖住金军，以待援军赶到。"陈规胸有成竹地说："我顺昌虽然不大，但经年备战，现有米数万斛，应该够你我共守之用。"听了陈规的话，刘锜高兴地说："知府，我定当万死不辞，力拒金贼。"让刘锜更加高兴的是，他发现刘豫当年在此储藏的毒药还在，战具滚木俱全。

/ 坚壁清野　城在人在 /

大敌当前，刘锜召诸将商讨城防备战，各路将领认识比较统一："我军乃背水一战。自靖康以来，我军将士无不北望中原，金军遇我宋将，其势必败。既然退路已断，索性坚守顺昌城，毕竟这里是通向江南的要道。"刘锜见群情激昂，对大家说："各位，国破家亡，我等有何颜面面对百姓。现在，各路将领、军士到顺昌，有城可守，有池可备，我等当同心协力，以死报效国家。"按照部署，南宋将士一面将城外百姓移居城内，悉数焚毁其房舍，坚壁清野，不给金军留一粒粮；一面放出探马侦察敌情，并招募当地人士做向导进行侦探。

/ 投毒劫粮　顺昌围解 /

很快金军抵达顺昌城下，完颜宗弼对众部将说："南人军士皆弱不禁风，你们可以直接踢破城门。明早发起进攻，将所有年长的男子杀死，各路军士所得玉锦、女子皆可自留，城破之日就是尔等庆功之时。"第二天一早，金兵10余万人开始攻城。刘锜所属部将不足两万，但群情激昂，将金兵第一轮攻势击退。

完颜宗弼自带亲兵3000人，3人一组，用铁链相互拴住，身披重甲，号"铁浮屠"，又名"常胜军"，向城门发动猛烈攻击。宋军拼死抵抗，挡住了金军的第二轮攻势。

当时，已到大暑天气，金军远来疲惫不堪，加上攻城昼夜不解铠甲，精神状态可想而知。刘锜派遣军队，利用夜色，在颍水上游及草中投放毒药。金军将士、战马饮水或食草后皆病倒，战斗力大幅下降。敌人没有了力气，刘锜让士兵们吃饱喝足后，隔一会儿派千人骚扰一下金军。看金军自顾不暇，他再派1000多人趁夜色潜入金营，以刀斧等展开近战。金兵大败，横尸盈野。

完颜宗弼将营寨移于城西，挖掘堑壕以自卫，打算将宋军围困在顺昌城内。完颜宗弼又忽略了一点，即顺昌城粮食丰富。当时已到雨季，大雨过后平地水深已经一尺有余，金军粮食损失极大。刘锜不断派兵劫掠其运粮部队，扰得金军不得安宁。看到颓势已无可挽回，完颜宗弼鸣金收兵，使顺昌围解。

金人野心明　宋军备战忙

□ 姚　磊

公元1158年，贺金正旦使孙道夫出使金国，得知金人图谋江南之心未变。返回京城之后，他立即向高宗皇帝作了汇报。高宗安排王刚任四川安抚制置使，入蜀筹集粮食，以保证江南地区的战争之需。同时，要求江南地区粮食还要保证平时训练所用，万一出现金人南侵的情况，四川作为大后方仍能够源源不断地支撑长江中下游地区的粮食供应。

* * *

金军对南宋军事压力不断，虽有韩世忠、岳飞等名将全力抵抗，使金人全面南侵计划没有得逞，但金军的南进步伐从未停歇，且越来越猛烈。

/ 入蜀筹粮　以备军需 /

公元1158年，贺金正旦使孙道夫出使金国，得知金人图谋江南之心未变。返回京城之后，他立即向高宗皇帝作了汇报："陛下，我大宋每年纳贡岁币，意欲修好于金国，但是此次我贺其年节，金主责问其将领买马备战的事情。两国修好，何必购买战马？两国互为兄弟，何以趁使臣在朝堂之上责问兵火之事？这分明是欲攻打我大宋，只不过战马未备妥当，粮草未可支撑作战而已。"中书舍人王刚对宋高宗说："陛下，孙侍郎所言有理啊。"中书舍人这个职位是草拟皇帝诏书的。在宋朝,这个职位也是个虚职,更像是高级参谋。"陛下,御敌制胜乃我大宋立国之本,因此备战练兵之事乃为当务之急,切不可有丝毫犹豫。臣闻金军乃图谋我江南之地久矣,岁币乃为我朝缓兵之计,而非修好之实,同时开列榷场也是了解北人军事布置。因此,我朝应先做好预案,选择能够带兵打仗的贤能将领,抓紧时间准备粮食。在江南粮草丰沛之时,收购粮食充实国库和军储,以备不时之需。"王刚说道。于是,高宗安排王刚任四川安抚制置使,让他去四川筹集粮食,以保证江南地区的战争之需。同时,要求江南地区的粮食还要保证平时训练所用,万一出现金人南侵的情况,四川作为大后方仍能够源源不断地支撑长江中下游地区的粮食供应。

/ 制度创新　以备金军 /

当年12月,金国备战的消息越来越多地传到了南宋,御前诸军都统制兼知兴元府姚仲向宋高宗谏言:"陛下,金军南下只是时间问题,其有意违背盟约,攻打我宋朝。为积极备战,臣已经从兴元府、洋州等有保丁制的县内选出不少精壮能战的青年才俊,充当义士,目前已经聚集近3000人。现在臣拟将附近巴州、蓬州等州差拨保丁义士,准备好运粮船,保证军粮供应,同时将精壮义士作为后备军队,内保大宋,外御金敌。经过训练的义士作为运粮差官可以保证粮食运输,又可防止金人袭扰,一举两得。"宋高宗同意了他的意见。朝堂之上,其他大臣也表示:"前几次与金人征战的时候,发现兴州、洋州的义士,皆为骁勇善战之人。臣等认为启用他们御敌卫国再合适不过了。义士乃义勇之士,只是免其身丁、差役之类差役,不费我大宋各司钱粮,一举多得。望陛下批准相关决议,让本路帅司检昭旧来簿藉条例,依旧收充,到时可以让将领进行校阅,以备不时之需,这也是古人寓兵于农的意思。"对此提议,宋高宗也同意了。

南宋法度中是有规定的,作为义士,家里还是要科敛经费购置军粮,而诸县民间所余粮食并不多,购粮数量偏重,这对于义士家庭也有不公。姚仲称旧法已不合时宜,遂将科敛减少一半,同时所有义士所需衣服、甲胄、神臂弓箭、刀剑等皆为官给,其他行军打仗需要的物资由义士自行解决。同时，对于粮食储备，姚仲更是早有安排，命义士新军，每日支粮2升半，按照每65人为一队，带管队长2人，押拥队长3人，旗首设置3人供应。兴州、洋州及大安按照此法，聚集义勇部队21700多人。

大宋官兵摩拳擦掌准备迎战，金国使臣却来了，表示金国欲与宋国和好如初，不会刀兵相见。宋高宗明白金国靠不住，战备很重要，但他还心存幻想。待金国使臣走后，高宗说："朕闻各路将领积极备战，对此朕心甚安。但诸将在边境屯兵备战的事情若被金国皇帝知道，肯定又会成为他们讨伐我宋朝的理由。"听闻高宗此话，群臣默然。

令人欣慰的是，宋高宗说归说，明面上不大张旗鼓地进行备战，私底下还是要求各路将领进行备战，以备他日金国来袭。

游牧食俗成就铁木真草原帝国梦

□ 姚 磊

当蒙古军队进军的时候,身后有畜群跟随,所有军队所需乳、肉全部由后方的畜群供应。也就是说,中原地区的军队所需的军粮在蒙古军队是不需要的,他们只要找到水草养殖牲畜,即可解决军队粮食供应问题。正因为此,在历次征战中,摧垮对手抵抗的最后一根稻草不是蒙古军队的实力,而是对方的粮食缺乏。

* * *

《马可·波罗游记》中的元帝国,是一个从血与火中站立起来的帝国,这个帝国的雄起同样离不开粮食的保障。史料记载,粮食供应是成吉思汗的蒙古军队克敌制胜的法宝,充足的军粮让蒙古铁骑在征服欧亚的诸次战争中所向披靡。

/ 金军自废"武功" /

对于41岁的铁木真来说,统一蒙古各部落,保证牛羊有水草,保证自己的子民有放牧的地方,应该就可以了。那时的他应该没有计划要创立一个横亘欧亚的绝世帝国。而为了实现一统蒙古的目标,铁木真也曾失意过,也曾被王汗的部队打败,但草原英雄的雄心壮志从未泯灭。

公元1206年,铁木真成为成吉思汗,基本统一了北部蒙古各部落。

随着军事实力的不断增强,原来带领一个部落逐水草而居的生活需要改变,他要为更多的部落寻找生存空间,同时金国杀其宗亲的世仇还未报。于是,南征金国的计划在铁木真心中开始酝酿。

再说金国。自金章宗即位以来,金国要求掌兵打仗的将领必须为举人或进士,结果是军队武弱文强,战斗力大不如前。在体制上,金国按照辽国的体制,募集义勇军,所需物资(比如军粮、兵器等)皆由义军自备。这样的军队在南征宋朝的时候,因为能补充给养,一路杀掠,军队还有战斗力。但随着南部战线的稳定,没有供应的义勇军逐渐变成了有名无实的样子货。此时,当蒙古大军攻打而来,这些义军当然是毫无还手之力。

/ 蒙古铁骑的军粮供应 /

如果说铁木真是识弯弓射大雕的草原英雄或者是在战争中成长起来的伟大统帅的话,那么实现他战斗目标的蒙古军队就是一支高效的机动部队,这支劲旅有着摧枯拉朽般的战斗力。铁木真运用灵活的战术、实用的激励政策和残忍而有效的手段,带领他的军队将一座又一座城池并入帝国的版图。

蒙古部落以游牧为生,部落组织与军事组织类似。在草原上,各部落在山野散居,生而上马,孩提时即开始骑射习武。铁木真的军队制度也学习金国的体制,每个士兵的随行物资就是甲胄、小帐篷、背囊、锅、一张弓、一把刀、一柄斧、一支矛。其中囊盛乳酪,锅用来炒米充饥。蒙古军队由士兵自己备粮备军械,军纪不大整齐,但是与金军的本质不同在于:当蒙古军队进军的时候,身后有畜群跟随,所有军队所需乳、肉全部有后方的畜群供应。也就是说,中原地区军队所需的军粮在蒙古军队是不需要的,他们只要找到水草养殖牲畜,即可解决军队粮食供应问题。正因为此,在历次征战中,摧垮对手抵抗的最后一根稻草不是蒙古军队的实力,而是对方的粮食缺乏。

围攻乌沙堡歼灭金军

公元1210年，成吉思汗开始了对金国乌沙堡的战斗。这一战是蒙古军队对金军的歼灭战。

金国平章政事图克善镒获悉蒙古军队将要进攻金国，对金主完颜永济说："自蒙古军队开始与我金国军事冲突以来，他们都是集中优势兵力攻打我方，而我金军只是分散守卫在城寨中。蒙古军集中兵力攻打我城寨时，我方势必不可守备。如果将分散的兵力集中到大的城堡中，并在昌州、桓州、抚州等地形成守卫链条，保证当地的兵源供应和财物，同时保障当地的粮食生产，我们就不致人财两空。"金主没有征战经验，根本不理解图克善镒的意思："你这是畏战，是将我大金领土拱手相让。"看皇帝没有明白他所说的战略重点，图克善镒继续说："圣上，辽东乃我大金的根本，距我中都千里之外，万一当地被蒙古军攻打，我们又难以迅速调兵遣将，而辽东之地是富庶膏腴之所，也是女真故地，因此万万不可大意。"金主不仅没听从图克善镒的建议，反而让他留守北京。

果不出图克善镒所料，铁木真看金国根本没有做好防守准备，遂率蒙古大军直捣乌沙堡和乌云堡。百余日围攻后，堡中已经没有粮食，城外的金军乌月营守将完颜胡沙被蒙古军打败，放弃抵抗，败退离去。

忽必烈的"冰火两重天"

□ 刘 亮

正当厨师准备烤羊时,探马飞奔进帐报告紧急军情,说敌军正在逼近。饥饿难耐的忽必烈一心只等着吃羊肉,他怒发冲冠地咆哮着:"我的羊肉呢!赶紧给我上羊肉!"

* * *

"冰激凌"和"涮羊肉",看似风马牛不相及的两种美食,因为一位皇帝而不可避免地被联系在一起,这位皇帝便是历史上鼎鼎大名的元世祖忽必烈。

/ 无巧不成书的"冰激凌" /

忽必烈是蒙古人的首领,自然也喜欢喝牛奶。他灭掉南宋称帝后,定都北京(当时叫大都)。但是北京的夏天非常炎热,牛奶极不容易保存,新鲜的牛奶耽搁几个时辰就变质了。聪明的忽必烈灵机一动想了个好办法,他在牛奶中加入冰块,牛奶的保存时间就相对延长了。不久,忽必烈却有了令人可喜的意外发现:牛奶和冰块相互融合后成为的"奶冰"味道更鲜美。后来,他还往"奶冰"中加入了蜜饯、水果作为佐料,使"奶冰"的色泽更加鲜艳,味道更可口。

当年,意大利旅行家马可·波罗来到中国,受到了元世祖忽必烈的接见和赏赐，尝到了当时只有王公贵族才能享用的"奶冰"。马可·波罗便把"奶冰"的制作方法带回欧洲，改良后制出了我们今天常吃的"冰激凌"。

因此，"冰激凌"虽然是个外来词，但它却是源自中国，而且是由元朝开国皇帝忽必烈发明的。

/ 急中生智的"涮羊肉" /

众所周知，蒙古草原盛产牛羊，忽必烈从小也非常喜欢吃羊肉。南宋末年，他率军南下远征。经过几天的激烈会战，三军将士都人困马乏，饥肠辘辘。这时，忽必烈不由得想起了家乡美食——烤羊肉，于是吩咐厨师烧火烤肉。正当厨师准备烤羊时，探马飞奔进帐报告紧急军情，说敌军正在逼近。饥饿难耐的忽必烈一心只等着吃羊肉，他怒发冲冠地咆哮着："我的羊肉呢！赶紧给我上羊肉！"厨师们被突如其来的命令吓呆了。他们非常清楚忽必烈性情暴躁，稍不小心，便可能人头落地。

千钧一发之际，有个年轻的厨师急中生智，飞刀把羊肉切成薄片放入锅中，等到肉色变白，马上便捞入碗里，撒下细盐。忽必烈狼吞虎咽地连吃几碗后，连连称赞，于是翻身上马率军迎敌，结果获得一场大胜。

在庆功宴上，忽必烈特意点了那道水煮羊肉，各位将领们吃后也赞不绝口。厨师忙迎上前说："此菜还没有名称，请您赐个名字吧。"忽必烈大笑着说："我看干脆就叫涮羊肉吧！"从此，"涮羊肉"诞生了。

如今，涮羊肉不仅在国内，而且在世界一些地区也受到美食家们的欢迎，成为华夏饮食文化中一道不可或缺的菜肴。

耶律楚材兴仓廪　扬威立万窝阔台

□ 姚　磊

　　以前，蒙古人在蒙古草原上以牛羊肉酪为主食。南下后，种桑养殖等变成了农业的主要形式。耶律楚才走马上任，除推动蒙古军逐步实施"以儒治国"，还大力发展农业，减免农户赋税，使草原人原始的生活状态逐渐向农耕为主的农业方式转变。新兴的蒙古贵族也渐渐融入了中原文明之中。

* * *

　　说来大家可能会疑惑，如今人流如织的颐和园东宫门内竟然有一座耶律楚材冢！西太后的院子为何有先人故冢呢？答案很简单，西太后也很爱才。耶律楚材是元初大智大勇的贤能之人。随着蒙古军南下战争的日益激烈，耶律楚材为杀戮不断的蒙古铁骑带来一股理性，同时也为蒙古人一统中国奠定了物质基础。

/ 伯乐窝阔台 /

　　窝阔台是耶律楚材的伯乐。
　　在成吉思汗的儿子中，窝阔台负责南下战斗。在战争中，蒙古军队不仅攻城略地，也四处搜罗贤达之人。公元1215年，蒙古军攻占燕京时，就听说金国有个叫耶律楚材的，才华横溢、满腹经纶，于是想方设法将其收降。公元1231年，耶律楚材被窝阔台任命为中书令，也就是蒙古政权的宰相。

以前，蒙古人在蒙古草原上以牛羊肉酪为主食。南下后，种桑养殖等变成了农业的主要形式。耶律楚材走马上任，除推动蒙古军逐步实施"以儒治国"，还大力发展农业，减免农户赋税，使草原人原始的生活状态逐渐向农耕为主的农业方式转变。新兴的蒙古贵族也渐渐融入了中原文明之中。

公元1231年夏，窝阔台与诸将商议继续南下伐金策略。成吉思汗四子拖雷提出："金主迁至汴梁已有20年，在汴梁之所以敢与我抗衡依靠的是黄河天险和潼关，如果我们从宝鸡进攻汉中，一个月以内定能到达唐州。我军可以截断金军的前后守卫，让金军首尾难以相顾，到时打败金国犹如探囊取物。"窝阔台大喜："先父太祖皇帝驾崩前，嘱我如果攻打金国一定从宋朝的地界上通过，假道于宋国从唐州直捣汴梁，今天你拖雷说到点子上了。"话音刚落，窝阔便宣布了自己的决定：分兵三路进军，本人亲统中军，进攻孟津，然后过黄河向洛阳进发；拖雷借道宋地，从唐州迂回；斡陈那颜由济南进攻，直捣汴梁。

转眼到了秋天，窝阔台亲统兵马围攻河中府城，两个月后城破，蒙军由白坡渡河，突破黄河防线。拖雷攻破散关入汉中，从金州东入邓州。第二年春天，拖雷在钧州歼灭金35万精锐部队，潼关金军守将投降，河南十余州均被蒙古攻陷。3月，窝阔台命大将速不台进围汴京，汴京很快被攻破。

/ 耶律楚材兴仓廪 /

公元1235年，为解决中原土地和人口较多难以管理的难题，窝阔台下诏扩编中原户口。朝臣们主张依蒙古和西域的方式，即按照男丁为户，按丁定赋。耶律楚材对窝阔台说："大汗，中原地区农耕为主，粮食生产不仅是活跃经济的方式，更能为大汗南下奠定物质基础，而农业生产男丁必不可少。闻鸡下地耕作，掌灯之时才能归家用饭，这样才能保证秋天的粮食收获。借鉴西域按丁纳税的管理模式，将对中原经济造成难以想象的打击，更会影响大汗对中原的治理。"窝阔台思虑片刻，接受了耶律楚材的建议，按中原传统，以户为单位确定赋税。耶律楚材接着说："中原地区自秦汉以来就设置郡县，各地百姓皆筑城聚居，郡县乃管理基础，因此可效法前朝，安排将领任郡县守。"这个建议窝阔台也接受了。

为啥窝阔台这么听耶律楚材的呢？因为这俩人志趣相投。耶律楚材精通儒家经典，主张以儒治国，儒家经典无不体现"民本"思想。窝阔台对儒家经典也非常感兴趣，常请耶律楚材给他讲说周孔之教，从而使他懂得了"天下可马上得之，不可以马上治之"的道理。

耶律楚材有这样一个观点：有人就有生产者，有生产者就有粮食，有粮食就有发展的基础。随着儒家文化的入耳入心，窝阔台开始注意保存人口。

公元1232年，窝阔台征河南时，命制旗数百面，分发给降民，让他们持旗为凭，归回故里；公元1233年初，速不台进占汴京，因汴京曾进行抵抗，有些蒙古将领主张按惯例屠城，但经耶律楚材再三进行劝说，窝阔台决定只向金国皇族问罪；公元1237年，窝阔台采纳耶律楚材的主张，兴办国学，广纳天下儒生设科举，得4030人，中试的儒生免去赋税，优秀者还委以官职；耶律楚材还在燕京设编修所，编辑出版经史，为元朝奠定了文化基础。

可以说，没有耶律楚材，就没有元朝的富足和文化。

蔡州挽歌

□ 姚 磊

金哀宗一路跑到了蔡州。此地不仅无险可守,而且随时受到来自南宋的威胁。但当时蒙古正与南宋协商联合灭金之事,金哀宗便幸运地在蔡州当了3个月的太平天子。就在哀宗醉生梦死之际,南宋与蒙古达成了共同灭金的协议。蔡州被围3个月,城内物价飞涨,粮食已经没有了,居民只能以人畜骨和着芹菜泥充饥,金哀宗只能杀官马150匹给将士食用……

* * *

1229年,窝阔台继承汗位。此后,开始全力灭金,金蒙战争进入了最残酷的白热化阶段。1231年,窝阔台确定了灭金战略:由窝阔台亲率中路军,攻河中府,下洛阳;斡陈那颜率左路军进军济南;拖雷率右路军由宝鸡南下,借道宋境,沿汉水出唐州、邓州,次年春季会师汴京。9月,蒙军三路齐发。偏安一方的南宋本以为能够高枕无忧地看着祸水流向金国,谁知唇亡齿寒,蔡州之战后不仅金亡,而且也拉开了南宋灭亡的序幕。

/ 缺粮金军精锐尽失 /

西路的拖雷军进抵邓州境内的禹山,遭到金将完颜合达和移剌蒲阿的殊死抵抗。拖雷知道,窝阔台大汗的目标是让他到汴京会师,因此他只在当地留了一部分蒙军牵制金军,主力部队直奔汴京。看到拖雷的进攻势头减弱,主力向汴京进发,合达和蒲阿奉命率步骑15万驰援汴京,在钧州三峰山被拖雷大军追击。这时距汴京已不远,窝阔台的大军已抵汴京附近。

前有窝阔台大军阻截,后有拖雷留守军队阻拦,金军顿时陷入重围。当时正值冬月大雪,为了拦截蒙军,金军的15万人根本没有带多少粮食。驰援的路上被阻后,粮食不出5日便基本耗尽,金军人乏马困,枪槊蒙雪、结冻如橡。随着围困时间的拉长,3天没有吃东西的金军大有人在。金军的驻地是麻田,雪融化后变得泥泞不堪。而蒙军围而不战,烧火烤肉,轮番休整,整个营地飘散着烤肉的香气。在这种境况下,金军决定向北"突围",蒙军以逸待劳,给金军致命一击,金军全线崩溃。

/ 坚壁清野毫无效果 /

金主知道军队败绩,召集各位大臣商议。枢密院建议:"目前,我京师屯粮数百万斛,我军重兵把守郑州、昌州、梧州、归德和京畿附近各州县,现在河南各州郡按照统一部署,坚壁清野,不给蒙军留下一点粮食,使得敌军进攻不得,等蒙军粮食耗尽的时候,他们自然就北归了,我们就可不战而胜。因此,现在务必以逸待劳,不必出击。"金哀宗说:"自从我南渡黄河20年来,所在各路军政要员,皆倾尽全力,养兵练兵,但是到了战场上,当敌人来时我军也不能迎战,这是怎么回事呢?"金主无奈至此,令人心痛。看来,面对根本不用粮食辎重的蒙军来讲,金国已无回天之力了。

/ 汴梁孤城无米人相食 /

1232年3月,蒙古军攻克洛阳,挥师进逼汴梁孤城。而恰在此时,城内瘟疫横行,病亡无数。汴梁被围城已数月,城内纵使有粮百万斛,守城的将士、百姓都要吃粮,结果城内粮食断绝,开始出现人吃人的情况。勉强撑持到岁末,哀宗决定仿效乃父故技,弃城出逃。

12月,金哀宗将汴京防务交给参知政事兼枢密副使完颜奴申,留皇太后和后妃在京，稳住城中人心后，自己带着扈从的小朝廷，匆匆出城。哀宗原来准备西逃汝州，听西来金将说京西300里无井炊，便改道东行。元帅完颜官奴主张攻卫州，因为那里有粮可守。但是，平章政事白撒认为应进驻归德，一则归德距离他们较近，二则万一出现问题，还可以退回汴梁。

金哀宗听从了元帅的意见，带领金军连攻卫州，3日也未攻下，而蒙军又带兵驰援而来，金军闻风溃逃。蒙军围城，汴京的粮食只有消耗的份。一时间，汴京城内一升米售至白银2两，沿路饿殍相望，饿死人的事情屡见不鲜，而且发生了人相食的惨剧。

/ 蔡州无粮挽歌哀 /

金哀宗一路跑到了蔡州，此地不仅无险可守，而且随时受到来自南宋的威胁。但当时蒙古正与南宋协商联合灭金之事，金哀宗便幸运地在蔡州当了3个月的太平天子。就在哀宗醉生梦死之际，南宋与蒙古达成了共同灭金的协议。1231年，当窝阔台开始南攻的时候，拖雷先攻下天水军、成州，派参将者卜客出使宋军，提出假道的要求。不料者卜客被南宋沔州统制张宣杀死，拖雷干脆武力借道，直接攻打沔州，南下四川腹地。另一路东攻兴元府，夺饶风关。南宋的四川制置司被迫向蒙军供应粮草，并派出向导，引导蒙军沿汉水出邓州，对汴京完成战略包围。

1233年9月，蒙军进围蔡州。10月，南宋以孟珙为统帅，领兵2万人，运粮30万石，履约与蒙军合攻蔡州。11月，孟珙抵达蔡州城外，与蒙军统帅塔察儿划定围城地界，约定互不侵犯，相互配合围城。蔡州被围3个月，城内物价飞涨，粮食已经没有了，居民只能以人畜骨和着芹菜泥充饥，金哀宗只能杀官马150匹给将士食用。1234年正月，蒙军攻西城，宋军攻南门。哀宗见城破在即，传位给东面总帅完颜承麟，指望他杀出蔡州，再图恢复。但此时蔡州城已被攻陷，哀宗只能自缢而亡。完颜仲德率领1000金军精锐，与蒙宋联军展开激烈的巷战。听说哀宗已死，仲德也投汝水殉国，追随投河自杀的金朝将士达500余人。至此，金亡，立国凡120年。而没有了金国的防护，南宋也走向了灭亡。

筑堡垒断粮道　襄阳城坚粮丰也陷落

□ 姚　磊

蒙军元帅阿术在襄阳西南的虎头山对随行将领说："在虎头山筑堡垒！这里是白水入汉水的交汇口，襄阳的粮食应该从这里供就。如果扼守此地，将宋军粮食供应链截断，襄阳将唾手可得。"襄阳知府吕文焕非常害怕，向鄂州知府求援。鄂州知府看襄阳城储备丰富，至少能够支持10年，就决定来年春天江水上涨时送粮入襄，没有立即派遣援军……

＊＊＊

对于忽必烈来说，统一中国的目标是父汗的目标，也是实现蒙古一统天下的目标。公元1262年，忽必烈得知其派遣于宋朝的使臣被扣留，遂以此为借口，通谕将士："宋人不顾长远发展，趁我蒙古内部不和之际，在边抄略，没有宁日。虽然刀兵相见乃生灵涂炭的憾事，但宋人不顾利益，扣我使臣，他们一直说自己是礼仪之邦，有这样扣留来使的礼仪之邦吗？今天我在此宣布，待秋日，水陆进兵，向宋人兴师问罪。"蒙古大军南下之剑已指向南宋，蒙古与宋之间的大战一触即发。

/ 南下攻宋，谋略定 /

蒙古大军战斗力强大，但自蒙哥汗驾崩后，蒙古内讧长达4年。这样的天赐良机南宋不仅没有利用，反而将整顿军务、筑牢边防、积累粮食的事宜全都丢到了爪哇国，而且粉饰太平、自毁长城，真真可恨之极！蒙古国逐渐稳定，势必南下。果不其然，他们利用汉地降将，积极备战，不仅将山东诸地纳入版图，更是让当年叛逃来的潼川安抚副使刘整等熟悉汉地的将领领兵打仗，并且在襄阳附近设置榷场：一则加强对南宋情报的收集；二则通过榷场积极置换军粮物资；三则襄阳地理位置极佳，是进入华南的关隘、临水扼关的要道。忽必烈必得襄阳。公元1267年，刘整看忽必烈南征计划已定，便适时献上自己的伐宋谋略："大汗，襄阳城乃宋军重兵把守之地，我们必取之。因若取襄阳，就可从襄阳入汉江，通过汉江向东，进入长江，取荆楚之地，平定江淮，直逼临安。"于是，忽必烈命令元帅阿术与刘整率军进攻襄阳城，然后攻略南宋全境。

/ 襄阳城坚，粮储丰 /

襄阳城高壁厚，易守难攻，宋军虽然战力不济，但经营襄阳多年。同时，襄阳临水，陆战、水战皆为襄阳守军所长。因此，蒙军进攻的时候，也是有所忌惮的。蒙军元帅阿术在襄阳西南的虎头山对随行将领说："在虎头山筑堡垒！这里是白水入汉水的交汇口，襄阳的粮食应该从这里供应。如果扼守此地，将宋军粮食供应链截断，襄阳将唾手可得。"襄阳知府吕文焕非常害怕，向鄂州知府求援。鄂州知府看襄阳城储备丰富，至少能够支持10年，就决定来年春天江水上涨时送粮入襄，没有立即派遣援军。

蒙军看襄阳难以攻克，便调遣汉将史天泽前来。这个史天泽从前乃汉军名将，有运筹帷幄决胜千里之能，加入蒙军后，各国降兵在他的带领下战斗力大大提升。史将军到了襄阳城，见城墙坚固，淡淡地说了一句话："断粮道，围城。"于是，蒙军开始构筑自万山到百丈山的围墙，在虎头山还构筑了能够相互策应的堡垒。

转眼到了第二年春天，江水上涨，宋沿江制置副使夏贵带领轻舟运载军粮、军械、援兵到襄阳城下。此时蒙军已经将江面以外的陆路全部围困，宋援兵害怕蒙军偷袭，只与守将互通情况后便撤退了。时间一天天过去，蒙军的围城战略丝毫没有改变。

秋雨绵绵，江水暴涨，夏贵派遣船只出没于林间河流，无奈襄阳城被围得十分严密，只能望城兴叹。蒙军得知宋援军的消息后，阿术对所辖诸将说："宋军此来，只是虚张声势，根本不用害怕。襄阳城外我蒙军重兵包围，宋军从襄阳城内根本打不出来，看他们还能支持多久？"至此，鄂州知州文德自知决策失误，悲叹："我乃误国者也！"不久，郁郁而终。

/ 蒙军决杀，断粮道 /

宋军当然知道襄阳的战略地位，知道唇亡齿寒的道理。公元1270年，宋朝派两淮制置大使李庭芝率兵增援襄阳。夏贵率领他的增援部队与蒙军大战，力图突破蒙军的围困与襄阳城内取得联系。但是，宋军元帅贾似道按兵不动，皇帝从侍女的口中知道襄阳已被围3年，贾似道得知后以小事将侍女杀死，之后旁人再也不敢将战事实情告诉给皇帝了。从此，宋朝朝廷对前线危局毫无察觉。

再看襄阳城，虽然粮草丰富，但被围困已3年有余，且与外城联系截断，一座孤城着实难守。更不幸的是，襄阳守军组成的几万人的突围部队被蒙军打败。蒙军中汉将对史天泽说："将军，我们大部分兵力围困襄阳城已3年多了，宋军援兵常常袭扰，虽然对我们构不成威胁，但是夏贵可利用这个时机将粮食军械运送进襄阳城，我们只能眼睁睁看着他带粮入城，然后逍遥离去，其依靠江水南北相继，我们再围困也没有用啊。如果在万山山口筑城，在灌自滩立栅拦截，一定能够将襄阳围死。"这个绝粮道的意见虽然狠毒，但是可以一招制敌。史天泽安排士兵筑城防守。

至此，襄阳城粮食供应彻底被隔绝，虽然宋军依然顽强抵抗，但是没有粮食如何支撑？自阿术筑第一座堡垒开始，襄阳城被围5年后，终陷落。蒙军按刘整的策略，一路南下，直到崖山之役宋亡。

断粮，元帝国土崩瓦解

□ 王宝琦

元朝统一天下后，江南尤其是富甲天下的江浙地区是京城的主要粮源，运河漕运及海上运粮线路，更是帝国得以运转的生命线。元朝末年，天下大乱，江南粮源和漕运通道被起义军控制。元朝的统治生命线被切断，元帝国迅速走向瓦解。

* * *

漕运，元帝国的生命线。

元朝统一中国，建都于大都（今北京）。为保证蒙古贵族的奢侈生活、各级官吏的俸禄以及庞大军队的运转，帝国需要一个稳定的粮食供应地。但数百年的战乱使得中原人口骤减、土地荒芜，所生产的粮食根本无法满足京城的需要，因而江南尤其是富饶的江浙地区就成了帝国的主要粮源。

元朝的江浙地区大致为今江苏和安徽的长江以南部分、福建全部以及江西一部分。当时，江南一年的税粮收入约占全国的七成，而江浙就占到了江南的一半。此外，元朝还在这一地区建有大量屯田，出产的粮食相当可观，主要供给京城所需。江浙地区在全国的经济地位不言而喻。

如何把江南的粮食运往大都，对于元朝统治者来说是一个生死攸关的大问题。于是，运河漕运及海上的运粮线路就成了帝国名副其实的生命线。为省时省力，元朝从1279年至1291年共6次大规模征发民夫，在原有运河的基础上重修了从杭州直通大都的京杭大运河。

但是，运河的通行常常受干旱水浅及黄河泛滥致使河道淤塞的制约，不仅需要高昂的维护费用，而且经常延误日期，无法保证京城的正常粮食供应。为此，元朝又开通了海上漕运通道：南起今江苏省太仓市浏河，离港后沿着万里海岸线北上，最后到达天津界河，顺风时十几天即可到达京城，年运量可高达352万石，这个数字大约相当于100多万人一年的口粮，可以满足京城官员和军队大部分需求。

/ 民变，元帝国走到尽头 /

元朝末年，黄河泛滥，灾民遍野，农民起义遍及大江南北。1353年1月，江苏泰州张士诚联络17名盐民发动武装起义，杀死贪官，抢掠富户，把粮食钱财分发给老百姓，不到1个月时间就拉起了上万人的队伍，先后攻陷了泰州、兴化、高邮等淮东重镇。

元朝多次派大军围剿，但起义军不仅未被消灭，反而越剿势力越盛。次年1月，张士诚在高邮建立政权，国号大周，自称诚王。

元朝对张士诚起义极度恐慌。9月，元朝丞相脱脱召集全国各行省及西域百万大军围攻高邮，同时派兵攻陷了六合、盐城、兴化等地，把高邮变成了一座孤城。

脱脱指挥元军日夜攻城，城内军民拼死抵抗。时间一天天过去，起义军从原来上万人锐减到了不足3000，而且弹尽粮绝，情况异常危急。

就在起义军生死存亡之际，形势却发生了逆转。第二年初，昏庸的元顺帝罢免了脱脱的相位，剥夺了他的兵权。脱脱是元朝当时最有能力和影响的大臣。他的去职造成高邮城下的百万元军群龙无首，指挥混乱，后勤不济，元军立时四散。高邮转危为安。

高邮大战后，元朝政府一蹶不振，再也无力对起义军发动大规模围剿。

张士诚收复失地，整军南下，占领了江浙大部分地区，然后将首府迁到了富饶的姑苏（今苏州）。张士诚不仅控制了元朝最重要的产粮地，而且扼断了漕运通道。史载："元京军国之资，久倚海运，及失苏州，江浙运不通。"自此，元帝国陷入了严重的粮食危机。

断粮，元帝国土崩瓦解

为了解决日益加重的粮食困局，元顺帝下旨恢复中原屯田。但腐败的军政系统已经病入膏肓，再加上水旱灾害不断，屯田根本收不到预期的效果。经过一番折腾，屯田无果而终。

1357年和1358年，大都出现严重饥馑，上百万人被饿死，就是蒙古贵族和各级官僚也吃不饱肚子，各地军队的粮食供给更是面临严重困难。在这种情况下，元朝不得已遣使招降张士诚，封他为太尉，并破天荒地赐予龙袍御酒，乞求他为大都运送粮食。

这真是30年河东，30年河西。张士诚做梦也没想到，堂堂大元皇帝会向他这个"反贼"乞讨。当时，张士诚为了淮东之地正和朱元璋争得你死我活，时时被动，处处挨打，正需要一个喘息的机会，于是接受元朝的官职，开始通过海路为大都输送粮食，从1359年到1363年，每年运送粮食10万石以上。这样，元朝利用张士诚的粮食苟延残喘，张士诚则利用元朝的支持扩充实力、扩张地盘。

到了1363年，张士诚控制的地区已"南抵绍兴，北逾徐州达于济宁之金沟，西距汝颍、濠泗，东薄海，地方两千余里，带甲数十万，户口殷盛，国用饶富"。实力增强了，张士诚的腰杆也硬了，要求元朝封他为王。

但元顺帝不知是哪根神经出了问题，对于张士诚这个没有任何现实意义的要求断然拒绝。张士诚也不在乎。这年9月，他宣布脱离元朝政府，自立为吴王，从此不再为大都输粮。这下元顺帝又急了，赶忙派人来找张士诚：只要给大都送粮，什么条件都好说。张士诚杀了元使，以实际行动告诉对方：老子不陪你玩了。

漕运通道的断绝意味着元朝统治生命线的切断，元朝对北方的统治已经力不从心，局势岌岌可危，曾经盛极一时的元帝国走到了崩溃的边缘。

与此同时，起义军的形势也发生着戏剧性的变化：1367年，张士诚以及陈友谅、方国珍等几大势力全被农民起义军的后起之秀朱元璋消灭了，整个江南统一在了朱元璋名下。这年10月，朱元璋以大将徐达为帅，常遇春为副帅,挥师北伐。面对粮足兵精的北伐大军,元朝军队不是弃城而逃,就是望风而降。不到半年时间,元大都就被攻陷。元顺帝仓皇北逃,带着老婆孩子回到草原老家住帐篷、吃牛羊肉去了。